定期テスト対策 ▶ 高校入試

改訂版

中3英語

が面白いほどわかる本

音声
ダウンロード
付

河合塾講師
麦谷郁子

＊この本には「赤色チェックシート」がついています。

- **30年間の授業実践がつまった「英語の基礎参考書」です。**

　この参考書は、中学生のみなさんのために書いた、英語の「基礎」を解説したものです。「基礎」というのは、「簡単なこと」ということではなく、「英語の最も土台になる考え方」ということです。ですので、学校で学習する内容を詳しく掘り下げた解説がたくさん出てきます。

　私は約30年間、河合塾で中学生に教えてきました。この参考書は、生徒のみなさんの答案のまちがいを分析し、質問に答えるなかで培ってきた私の授業の様子を文章にしたものです。「この誤りを一人でも少なくするにはどう説明したらよいだろうか」「同じ質問をされないようにするにはどう説明したらよいだろうか」と日々考え、毎年コツコツとブラッシュアップしてきた最新の授業がつまっています。

　ですから、この参考書は、今まで私の授業を受けてくれたすべての生徒のみなさんのおかげで出来上がったものです。私の授業を受けてくれたみんな、ありがとう。

　そして、この参考書を今手にしているみなさん。ぜひこの一冊を通して、「英語の考え方」を身につけていってください。

- **はじめから読んでください。**

　この参考書は、前の節の内容がその節の解説や問題に含まれており、一冊を通してすべてが関連するように構成されています。ですので、途中から読み進めても、文法用語や解説内容などが難しく、はじめから読まないとわかりにくい仕組みになっています。

　なぜなら、「今日学んだことは、昨日学んだことと何がちがうの？」「今日学んだことだけがテストに出るならいいけど、昨日学んだことも混ざってくると答える自信がない…」このような悩みが実に多く、中学生のみなさんのそれらの悩みに答えるために、この参考書は構成されているからです。

　ですが、大事なことは、何度も何度も繰り返していますので、安心してください。
　また、英語学習でポイントとなるところは、はっきりわかるように示してもいます。「ただ解いて終わり」なのではなく、しっかりと前後の関係も意識しながら学習を進めてください。

麦谷郁子

改訂版　中3英語が面白いほどわかる本
も く じ

第**15**節 分詞

第**16**節 形容詞句・形容詞節のまとめ

第**17**節 仮定法

■■ イントロダクション ■■ ：テーマごとの、学習項目が書かれています。
ここを意識して取り組んでみましょう。

確認しよう ：学習項目ごとの基本的な例文が書かれています。暗唱できる
くらいになれば、英語への理解が一段と深まります。

英語の ツボ ：英語学習のポイントが書かれています。それぞれの内容は他
の学習項目に関連することが多いので、何度も振り返りなが
ら、「英語の考え方」を身につけましょう。

例題 ：解説を中心とした確認の問題です。時間をかけてじっくり解
くのではなく、テンポよく学習することを意識しましょう。

練習問題
チャレンジ問題 ：学習した内容を知識として定着させるための問題です。ノー
トなどに答えを書いて、何度も解けるように工夫しましょう。

赤シートの使い方

赤字になっているため、赤シートでかくすことができます。

①重要なところ
本文で重要なところは理解できるまで繰り返し確認しましょう。

②問題の解答
練習問題 や **例題** は解き終わったらすぐに確認しましょう。

③語句（音声付き）
本文中に出てきた **語句** は音声といっしょに覚えましょう。

【本書の学習に際して】
ご使用の教科書により、学習する内容や順番にちがいがあります。
そのため、学習を進める際に「まだ習っていない内容が入っている（未習）」
もしくは、「すでに習った内容が入っている（既習）」という場合がございます。
未習の場合は先取り学習、既習の場合は復習することで再定着を図れるという
メリットもございますので、学習の状況に応じてご活用ください。

音声ダウンロードについて

- この本の巻末には、本文中に出てきた 語句 を音声付きでまとめています。以下からダウンロードして聴くことができます。

https://kdq.jp/BkWe2　　ID：chuei3　　PASS：omowaka_3

- 上記ウェブサイトにはパソコンからアクセスしてください。携帯電話・スマートフォン・タブレット端末からはダウンロードできませんのでご注意ください。
- 音声ファイルは MP3 形式です。パソコンに保存してパソコンで再生するか、携帯音楽プレーヤーに取り込んでご使用ください。
- 本サービスは予告なく終了する場合があります。あらかじめご留意ください。

 ## スマートフォンで音声を聴く場合

abceed アプリ（無料）

Android・iPhone 対応

　　https://www.abceed.com/

- ご使用の際は、スマートフォンにダウンロードしてください。
- abceed pro は有料です。
- 使い方は上記 URL よりご確認ください。

カバーイラスト：日向あずり
本文イラスト（顔アイコン）：けーしん
本文デザイン：田中真琴（タナカデザイン）
校正：鼎，アラレス
組版：エヴリ・シンク

■■イントロダクション■■

☑ 文の要素 S・V・O・C を知る 　1

☑ 文の修飾語と品詞の関係を知る 　1

☑ 第 1 文型、第 2 文型、第 3 文型を区別する 　2

　1 年生・2 年生の総復習もかねて、まずは、英文を作る土台になる文型から学習していきましょう。文型は主に 2 年生で学習していますよ。

レッスン1　文の要素、修飾語と品詞の関係

◆一般動詞の英文の要素と品詞

　どの英文も「主語のあとは動詞」ということは共通です。文型は、動詞のあとの違いで分類したものでしたね。それぞれの英文で、動詞のあとにどのような語句が続くのかを確認しながら、文型について理解を深めていきましょう。

　まず、一般動詞の文を使って、英文の要素と品詞について復習します。

▶一般動詞の英文の公式

名詞	動詞	名詞	副詞／前置詞＋名詞
S	**V**	**O**	**(M)**
主語	動詞	目的語	（修飾語）
「〜は」	「する」	「〜を」	（飾り）

▶一般動詞の文例

　例 I play tennis well.　　　　「私は上手にテニスをします」

　例 I play tennis in the park.　「私は公園でテニスをします」

　一般動詞の文は、主語 S（「〜は」にあたる部分）、動詞 V（「〜する」の部分）、目的語 O（動詞のあとの「〜を」にあたる部分）、そして修飾語 M（動詞を修飾する部分）から成り立っています。修飾語はなくてもよいし、複数つけることも可能なので（　　　）をつけてあります。

　大事なことは、S や V、O・C・M にどんな品詞の単語を入れることが

可能なのか、それを知ることです。正しい文は正しい品詞が代入されているので、上で示した2つの文例、I play tennis well. とI play tennis in the park. で、それぞれに代入される品詞を覚えてください。これが頭に入っていないと文型の学習は進められません。

英語の ツボ❶

◆ S（主語）→名詞
◆ V（動詞）→動詞
◆ O（目的語）→名詞
◆ M（修飾語）→副詞、もしくは〈前置詞＋名詞〉

◆他動詞と自動詞

　一般動詞の文については、他動詞と自動詞の区別が必要になります。一般動詞は、すべて後ろに目的語が続くわけではありません。目的語がくるものと、目的語がこないものがあるのです。**後ろに目的語がくる動詞**を他、**後ろに目的語がこないで**、修飾語が続く動詞を自といいます。

▶今後、他動詞は他、自動詞は自と書く場合があります。

　他と自の定義は、目的語が後ろに「くる」か「こない」かですが、これを品詞に置き換えて覚えるようにしてください。

英語の ツボ❷

◆ 他なのか自なのかを考えるクセをつけよう♪
◆ 他＝後ろに目的語がくる
　 →後ろに 名詞 がくる♪
◆ 自＝後ろに目的語がこない
　 →後ろに 副詞 、もしくは〈 前置詞 ＋ 名詞 〉がくる♪

　自と言われてピンとこなくても、「学校に行く」はgo to school、「日本に住む」はlive in Japan、などは口をついて出てくるころだと思います。goやliveは後ろに前置詞がありますね。このような動詞が自です。

　他と自をはっきり見分ける方法は残念ながらありませんが、予想を立てることはできます。動詞で切ったときに、「何を？」と聞ける語が他、「何を？」と聞けない語が自です。たとえば、makeは「作る」ですから、「何を？」と聞けますね。だから他です。goは「行く」ですから「何を？」と

は聞けません。だから自です。

　これはあくまでも予想を立てる手段ですし、例外もありますが（例外ほど試験に出やすいともいえます）、まず、使おうとしている動詞が他なのか自なのか、つまり、あとに名詞を置くのか、それとも副詞や前置詞を置くのか、そこに意識を向けることが大事です。

英語の ツボ❸
◆**動詞のあとにどんな品詞を置くか意識することが大事♪**

◆ **be 動詞の英文の要素と品詞**
　次に、be 動詞の文を使って、英文の要素と品詞について復習しましょう。

▶ **be 動詞の英文の公式**

名詞	動詞	名詞／形容詞
S	**V**	**C**
主語	**動詞**	**補語**
「〜は」	「です」	「……」
	イコール	

▶ **be 動詞の文例**

　例 I am a student.　　　「私は学生です」
　例 I am happy.　　　　「私は幸せです」

---

　be 動詞のあとに続くものを<ruby>補語<rt>ほご</rt></ruby>（ C ）と呼びます。**主語の補足説明をするもの**です。ですから、主語と補語はイコール関係になります。補語で用いることができる品詞を確認するために、2つの文例を見てください。I am a student. と I am happy. です。

　「何は何だ」と、主語を**名詞**で補足説明するか、「何はどんなだ」と、主語の様子や状態を表す**形容詞**で補足説明するか、と理解すればよいでしょう。

英語の ツボ❹
◆**C（補語）→名詞・形容詞**

これで、S・V・O・C・Mと品詞の関係がすべてわかりましたね。「S→名詞、V→動詞、O→名詞、C→名詞・形容詞、M→副詞、もしくは〈前置詞＋名詞〉 ➡ **英語の ツボ❶・❹**」ですよ！

レッスン2 文型

いよいよ文型の説明に入ります。文型は動詞のあとを分類したものでしたね。分類の仕方は、文法学者によって異なりますが、最も一般的なものは、英文を5つに分ける分類です。

第1文型	S ＋ V
第2文型	S ＋ V ＋ C
第3文型	S ＋ V ＋ O
第4文型	S ＋ V ＋ O ＋ O
第5文型	S ＋ V ＋ O ＋ C

文型は文の要素であるS・V・O・Cで表記します。修飾語（M）はどの文型にもつけることができます。先ほど確認した「一般動詞の文」と「be動詞の文」を、この文型と照らし合わせると、次のことがわかります。

第1文型	S ＋ V ＋ (M)	→	自動詞の文のこと
第2文型	S ＋ V ＋ C ＋ (M)	→	be動詞の文のこと
第3文型	S ＋ V ＋ O ＋ (M)	→	他動詞の文のこと

▶ 今まで、⑩と⑪は、一般動詞の分類のように書いてきましたが、もともとの定義は、目的語が後ろにくるかこないかですので、第2文型の動詞、つまりbe動詞も⑪になります。

<u>一般動詞</u>は、そのほとんどが⑪の<u>第1文型</u>か、⑩の<u>第3文型</u>で用いられています。<u>第2文型</u>を用いる一般動詞は少数です。次の表のように1＋2＋5＝8で8個と数を覚えましょう。数を覚えておくと、単語を思い出しやすくなります。

Cというと名詞のイメージが強いかもしれませんが、万能なのは形容詞です。Cとして名詞が使えるのはbe動詞とbecomeのみです。五感に関する意味の動詞は、前置詞likeの力を借りないと名詞を置けません。

◆第2文型で用いる動詞一覧

訳し方	意味	覚える動詞の数	動詞	Ｃになれる品詞
「〜です」	イコール	1語	be	名詞／形容詞
「〜になる」	変化	2語	become	名詞／形容詞
			get	形容詞のみ
「〜と感じる」	五感	5語	look （視覚）	形容詞／ 〈like＋名詞〉 例 look like a cat ▶likeは「〜のように」 の意味の前置詞
			sound （聴覚）	
			smell （嗅覚）	
			taste （味覚）	
			feel （触感・感覚）	

▶表以外にも stay「〜のままでいる」など、状態の継続を表す動詞も第2文型で使用可能です。

確認しよう

・He **became** my teacher. 「彼は私の先生になりました」
・I **got** tired. 「私は疲れました」
・You **look** young. 「あなたは若く見えます」
・This story may **sound like** a joke.
　　　　　　　　　　「この話は冗談に聞こえるかもしれません」

　これまでの説明から、動詞によってどの文型で用いるかが決まっているように感じるかもしれませんが、実はそうではありません。つまり、動詞にはいろいろな意味があり、複数の文型で用いる動詞もあります。1つの単語に対してたくさんの意味がありますよね。知らない動詞の意味を辞書で調べるとき、複数ある意味の中から英文に合った意味を選択する必要がある、つまり、英文の意味を理解するために文型の知識は必要なのです。

例題

次の英文を日本語になおしなさい。

(1)① He got to Okinawa.

　② He got sick.

　③ He got a letter from her.

(2)① Stay home.

　② Stay healthy.

(3)① I smelled the rose.

　② The rose smelled sweet.

解答

(1)①彼は沖縄に着きました。②彼は病気になりました。③彼は彼女から手紙をもらいました。

(2)①家にいなさい。②健康でいなさい。

(3)①私はそのバラの香りをかぎました。②そのバラは甘い香りがしました。

語句　(1) sick「病気で」　(2) stay「とどまる；～のままでいる」／healthy「健康で」　(3) smell「～のにおいをかぐ；～な香りがする」／rose「バラ」／sweet「甘い」

解説

　「文の要素」と「修飾語と品詞の関係」がわかったと思うので、今度は品詞を中心に整理していきます。それぞれの品詞がどんな文の要素になれるのかをまとめていくので、しっかり覚えていってください。

英語の ツボ❺

◆名詞→S・O・C（ただし、be 動詞と become のみ）

◆形容詞→C

◆副詞→M

◆〈前置詞＋名詞〉→M

　(1)① to Okinawa＝〈前置詞＋名詞〉→Mです。第1文型のgetは「着く」という意味です。

　② sick＝形容詞→Cです。第2文型のgetは「～になる」という意味です。

15

③　a letter＝名詞→○。第3文型です。他のgetは「〜を手に入れる」という意味です。

(2)① の品詞や動詞の意味はわかりますか？

> homeは名詞です。辞書を見ると他のstayもありますが、Stay home. は「家にいろ」ってことですよね。

　homeは名詞と副詞があります。この文は副詞として使われています。そう考えればすっきりしますね。home＝副詞→Mです。第1文型のstayは「とどまる」という意味です。

②はどうですか？

> healthy は形容詞ですね。あれ？　さっきの表で覚えた「2＋5」の中に stay は含まれていませんでしたが…。

第2文型のstayが辞書に載っていますよ。

> ほんとですね！　「ある状態のままでいる」と書いてあります。

　そうですね。第2文型の動詞は、「〜になる」という状態の変化、「〜と感じる」という五感のほかに、「〜のままでいる」という状態の継続を表す語があります。

(3)① the rose＝名詞→○で、第3文型です。他のsmellは「〜のにおいをかぐ」という意味です。
② sweet＝形容詞→Cで、第2文型です。

第１文型、第２文型、第３文型の違いは、〈ＳＶ〉のあとです。第１文型は後ろにＭ（副詞、もしくは〈前置詞＋名詞〉）が続き、第２文型はＣ（ほぼ形容詞）が続き、第３文型はＯ（名詞）が続く、ということですね。

チャレンジ問題

次の日本語を英語になおしなさい。
(1) この問題は簡単に見えます。
(2) 彼はこの問題を簡単に解きました。
(3) 彼は偉大な科学者になりました。
(4) Ａ：このフルーツはどんな味がしますか。
　　Ｂ：りんごのような味がします。

解 答

(1) This question looks easy.
(2) He answered this question[solved this problem] easily.
(3) He became a great scientist.
(4) What does this fruit taste like? [How does this fruit taste?] ---It tastes like an apple.

語句　(1) question「問題」　(2) answer「〜を解く」／easily「簡単に」　(3) great「偉大な」／ scientist「科学者」　(4) fruit「フルーツ」／ taste「〜の味がする」

解 説

　副詞は動詞を修飾するものですが、日本語で考えてしまうと、(1)も(2)も「簡単に」は述語の「見えます」「解きました」を修飾しています。日本語で考えるのはやめましょう。

英語の ツボ❻
◆ be 動詞と第2文型をとる一般動詞のあとは形容詞♪
　その他多数の一般動詞のあとは副詞♪

　(1)「簡単に見えます」は第2文型をとる一般動詞lookを使って表します。Ｃがeasy「簡単な」です。

　(2)普通の一般動詞なので、「簡単に」はＭの副詞として用います。形容

詞の語尾に <u>-ly</u> をつけると<u>副詞</u>になるものが多いです。〈ＳＶＯＭ〉の語順
は間違えませんでしたか？

　⑶Ｃに名詞がＯＫな「〜になる」は become です。get は間違いです。

　⑷五感の動詞は、形容詞もしくは、〈like ＋名詞〉が続きます。形容詞
をたずねる疑問詞は how、like のあとの名詞をたずねる疑問詞は what で
す。問いの文は How を用いて表すこともできます。

M E M O

　今回は、前回の文型の続き、第4文型と第5文型を学びます。第5文型を2年生では学ばない教科書もあるので、ここではとくに第5文型に重点を置いて学習していきましょう。第5文型をとる動詞も新たに学びますよ。

レッスン 1　第4文型

第4文型は**動詞のあとに**目的語**を2つ置く**文型です。

◆第4文型

名詞	動詞	名詞	名詞
S +	V +	O +	O
主語	動詞	目的語	目的語
「〜は」	「する」	「…に」	「〜を」

　動詞のあとに目的語が2つあるということは、**動詞のあとに**名詞**を2つ置く**ということです。その場合、「**人に**」＋「**物を**」という順番が大事です。「…に」の部分を〈前置詞＋名詞〉で表せるので、**第4文型は第3文型（ＳＶＯ）に書き換え**られるものがあります。
　まずは、to型の動詞を6個、for型の動詞を2個覚えましょう。

◆第3文型と第4文型の両方で用いる主な動詞

第3文型の文	第4文型の文	日本語訳
〈物＋ to ＋人〉型 6個	〈give ＋人＋物〉	(人)に(物)をあげる
	〈show ＋人＋物〉	(人)に(物)を見せる
	〈tell ＋人＋物〉	(人)に(物)を伝える
	〈teach ＋人＋物〉	(人)に(物)を教える
	〈send ＋人＋物〉	(人)に(物)を送る
	〈lend ＋人＋物〉	(人)に(物)を貸す
〈物＋ for ＋人〉型 2個	〈buy ＋人＋物〉	(人)に(物)を買ってあげる
	〈make ＋人＋物〉	(人)に(物)を作ってあげる

　toは「到達」を表す前置詞です。見せたり送ったりしたものは、確実に相手に届きますね。

　forは「利益」もしくは「目標」を表します。わざわざ作ってあげたり買ってあげたり（「(相手の)利益」）、だれかのために作ったり買ったりしたもの（「目標」）が、最終的に相手に届かない場合がある、そんなふうに理解しましょう。

確認しよう

・My father gave me a birthday present.
　S　　　　V　O(人)　　O(物)

　　　　　　　　　「父は私に誕生日プレゼントをくれました」

＝My father gave a birthday present to me.
　　S　　　　V　　　　O　　　　　　M

・My mother made me a birthday cake.
　S　　　　V　O(人)　　O(物)

　　　　　　　　　「母は私のために誕生日ケーキを作ってくれました」

＝My mother made a birthday cake for me.
　　S　　　　V　　　　O　　　　　M

次の日本語を英語になおしなさい。ただし、第4文型（SVOO）で書くこと。

(1) 私はおじに数冊の本を貸してあげました。

(2) だれが彼らの音楽の先生なのですか。

(3) 私に何か冷たい飲み物をくれませんか。[will, something を用いて]

■ 解答

(1) I lent my uncle some books.

(2) Who teaches them music?

(3) Will you give me something cold to drink?

語句　(1) lent「lend（〜を貸す）」の過去形／ uncle「おじ」

■ 解説

(1)〈動詞＋人＋物〉の語順で表します。lend「貸す」の過去形はlentです。

(2) 日本語をそのまま英語にすると、Who is their music teacher?（第2文型）です。この文は第4文型に書き換え可能です。teacherは動詞teachに-erをつけて名詞にしたものなので、〈teach＋人＋物〉で表します。「彼らの音楽の先生」は「彼らに音楽を教える人」ということなので、Who teaches them music? になります。疑問代名詞は三人称単数扱いなので、teachに-esをつけます。「人」にあたる部分は目的語なので、目的格の代名詞themにします。

(3)「物」にあたる「冷たい飲み物」は、不定詞を用いて表します。「飲み物」ならsomething to drinkです。somethingとcoldの語順は大丈夫ですか？　1語の形容詞は、前から名詞を修飾しますが、something「何か」などのsome- ／ any- ／ no- から始まる不定代名詞は、不定代名詞のあとに形容詞を置くのでしたね。

次の（　　）内の語句を並べ替え、意味の通る英文にしなさい。

(1) Please (to / me / tell / the library / the way).

(2) (me / my father / my birthday / bought / for / a computer).

解答

(1) Please tell me the way to the library.／「私に図書館への道を教えてください」

(2) My father bought me a computer for my birthday.／「私の誕生日に、父は私にコンピュータを買ってくれました」

解説

　toやforがあるからといって、〈tell＋物＋to＋人〉、〈buy＋物＋for＋人〉だと思い込まないでください。動詞のあとは名詞を2つ置くことが可能ですが、前置詞のあとは名詞を1つしか置くことができません。文全体でいくつ名詞があるかをしっかり確認してください。

英語の ツボ❼

◆**前置詞のあとは、名詞が1つ♪**

　(1)よく出てくる道案内の文です。名詞が3つ、前置詞は1つです。tellのあとに名詞を2つ置かなくてはなりませんね。この前置詞toは動詞を修飾するのではなく、名詞the wayを後ろから修飾するもので、**the way to ～**で「**～への道**」でした。

　(2)名詞が4つ、前置詞は1つです。主語に名詞が必要なので、(1)と同様、動詞のあとに名詞を2つ置く必要があります。〈buy＋人＋物〉のあとに動詞を修飾する〈前置詞＋名詞〉として、for my birthday「私の誕生日に」を置きます。

レッスン2　第5文型

　第5文型は、**動詞のあとに**〈**目的語＋補語**〉**が続く文型**です。この補語は、**目的語を補足説明**する語句です。

　第5文型で用いる動詞は、call ／ nameを2年生で学びました。今回は、補語が主に形容詞であるmake ／ keepを加え、合わせて4つの動詞を覚えましょう。

◆第5文型

▶第5文型の形

名詞		動詞		名詞		名詞／形容詞
S	+	V	+	O	+	C	▶O＝Cの関係
主語		動詞		目的語		補語
「～は」		「する」		「～を」		～と／～に

▶第5文型で用いる主な動詞

Cは名詞	〈call + O + C〉	「OをCと呼ぶ」
	〈name + O + C〉	「OをCと名付ける」
Cは主に形容詞	〈make + O + C〉	「OをCにする」
	〈keep + O + C〉	「OをCに保つ」

▶第5文型の文例

例　**My name is Thomas, but please <u>call</u> me Tom.**
　　　　　　　　　　　　　　　　　　V　　O　　C

「僕の名前はトーマスですが、（僕を）どうかトムと呼んでください」

▶ me＝Tom

例　**He <u>made</u> me happy.**　　　「彼は私を幸せにしてくれました」
　　S　　V　　O　　C

第5文型は、覚える動詞の数がいちばん少ないですが、とても重要な文型です。しっかり頭に入れてください。

■ 練習問題 ❶ ◀

次の日本語に合うように、（　　）内の語句を並べ替えなさい。

(1) 私たちはあの山を富士山と呼んでいます。

（ Mt. Fuji / that mountain / we / call ）.

(2) 私は自分のネコをタマと名付けました。

（ my cat / I / Tama / named ）.

(3) あなたのメールを読んで、私はうれしくなりました。

（ me / your e-mail / happy / made ）.

(4) 部屋をきれいにしておきなさい。

（ room / clean / keep / your ）.

解答

(1) We call that mountain Mt. Fuji.
(2) I named my cat Tama.
(3) Your e-mail made me happy.
(4) Keep your room clean.

解説

(1)動詞は**call**で第5文型の文です。that mountainとMt. Fujiの語順は大丈夫ですか？　that mountainが目的語です。固有名詞Mt. Fujiが補語で最後に置きます。

(2)動詞は**named**で第5文型の文です。固有名詞Tamaが最後にくる語順にします。

(3)この問いは日本語では「私は」が主語なのに、与えられている単語はmeです。混乱した人もいたかもしれません。今までは、日本語の〈主語＋述語〉を英語の〈S＋V〉にすれば、たいていはうまくいっていました。第5文型のmakeを学ぶと、それが通用しなくなってきます。その理由はあとで説明しますが、くり返し述べてきたことは、「動詞のあとにどんな品詞を置くか意識することが大事♪ ➡ 第1節 **英語の ツボ❸**」でしたね。日本語から英文を作るのではなく、与えられている動詞からどんな英文ができるのか、考える必要があります。

英語の ツボ❽
◆**最初に動詞に着目する♪**
　鍵を握っているのは、すべて動詞♪

この文の動詞はmakeです。makeは第5文型で用います。5つある文型のうち、補語、もっと簡単にいうと、形容詞を単独で用いるのは、第2文型〈ＳＶＣ〉と第5文型〈ＳＶＯＣ〉です。第2文型は「Ｓ＝Ｃ」、第5文型は「Ｏ＝Ｃ」です。今回、「私はうれしい」を、「Ｓ＝Ｃ」ではなく、「Ｏ＝Ｃ」で表現すると考えれば、必然的に**Your e-mail made me happy.** という文ができ上がります。

日本語は、「人」が主語の文が多いですが、英語には、「人でないもの」を主語にする文があります。人間の感情も自然にわき起こるものではなく、原因があると考えます。この文では、私がうれしくなる原因がyour e-mailで、それを主語にした文になっているわけです。

　⑷このcleanは「きれいな」という意味の形容詞です。keep O CのCにcleanを用います。your clean room（あなたのきれいな部屋）をkeepの目的語にするのではありませんよ。

　さて次に、日本語の「S＝C」を「O＝C」の英語で書く練習をしましょう。

例題

次の日本語を、make を適当な形で用いて英語になおしなさい。
⑴ この映画のおかげで、彼女は有名になりました。
⑵ なぜ彼は怒ったのですか。

解答

⑴ This movie made her famous.
⑵ What made him angry?

語句 ⑴ movie「映画」／ famous「有名な」 ⑵ angry「怒った」

解説

　⑴makeを用いるのが条件なので、「彼女＝有名な」の関係を「O＝C」で表すと、made her famousになります。

> 主語が this movie になると思いますが、日本語の「おかげで」の部分を英語にしなくてもよいのですか？

英語で考えてください。主語になれる品詞は何でしたか？

> 名詞です。

ですから、this movie を主語にした This movie made her famous. で問題ありません。日本語に「おかげで」があるのは、日本語の主語が「彼女は」だからです。　練習問題 ❶ の(3)を見てください。「あなたのメールを読んで」という日本語ですが、「読んで」の部分は英語になっていませんね。

▶ she を主語にしたら、She got famous because of this movie. という英文になります。because of は「〜のおかげで」という前置詞句です。接続詞 because に対応する前置詞です。今は、「〜のおかげで」を覚えて she を主語にして書くことより、この日本語を This movie made her famous. という英語で表現できることを学ぶほうが大事です。

> たしかにそうですね！

(2)「彼＝怒っている」の関係を「O＝C」で表すと、made him angry になります。

> 主語は何でしょうか。残っているのは「なぜ」ですよね。これは why のままでいいってことはないですよね？

そうですね。1年生で学習した内容ですが、確認もしておきたいので、疑問詞の説明をしておきますね。疑問詞という品詞はないのですよ。

◆疑問詞の品詞
　名詞をたずねる疑問詞のことを疑問代名詞といいます。これも代名詞の一種です。疑問代名詞は what / which / who の3つです。これ以上は増えません。
　副詞をたずねる疑問詞のことを疑問副詞といいます。疑問副詞は副詞の一種です。疑問副詞は when / where / how / why の4つです。

英語の ツボ❾
◆疑問詞という品詞はありません。どの品詞をたずねているか、必ず考えましょう♪

英語の **ツボ⑩**

◆名詞をたずねる疑問詞（疑問代名詞）は３つ♪
= what / who / which
◆副詞をたずねる疑問詞（疑問副詞）は４つ♪
= when / where / why / how

(1)で説明したように、この文も主語は名詞ですから、「なぜ」とあっても疑問代名詞しか主語になれません。よって、使えるのは疑問代名詞のwhatで、**What made him angry?** という文になります。whyを使うなら、Why did he get angry?という文でmakeは使えず、第２文型になります。

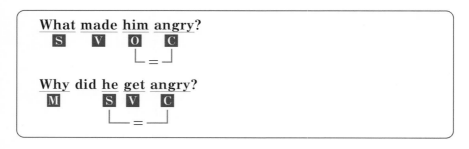

「S＝C」で書くということは、makeが第２文型で用いる動詞のgetに変わるということです。そうすれば、あとは修飾語を加えればよいので、whyが使えます。

今度は、動詞から英文を作る練習をしましょう。

練習問題 ❷

次の日本語に合うように、（　　　）内の語句を並べ替えなさい。

(1) 車で２時間運転したら、東京に着きました。
（ drive / two hours' / took / Tokyo / me / to ）.

(2) この写真を見て、昔の日本の生活がわかりました。
（ us / gave / this picture / life in old Japan / an idea of ）.

解 答

(1) Two hours' drive took me to Tokyo.
(2) This picture gave us an idea of life in old Japan.

語句 ⑵ life「生活」／idea「理解」

解説

　⑴takeは〈take A to B〉で「A（人）をBに連れていく」です。tookは過去形で時制がありますから、このdriveはVになる動詞ではなく、名詞ですよ！　took me to Tokyoの語順が決まりますね。主語はtwo hours' drive「2時間の運転」です。hours'は複数名詞の所有格です。

　⑵gaveはgiveの過去形で、giveは「人＋物」の順であとに目的語が2つ続きます。「人」はus、「物」にあたる名詞は何でしょう？　ideaには「理解」という意味があります。ofは前置詞で後ろに名詞を1つ置きますから、an idea of life in old Japanが「物」にあたる目的語になります。

　第5文型のmakeに焦点をあてた 例題 もやりました。動詞から英文を作る 練習問題 も解きました。ここで、いったん文型の原点に戻りましょう。動詞の意味を決めるためには、動詞のあとの文の分析が必要でしたね。そのあたりを踏まえて、次の問題をやってみましょう。

例題

次の日本語を英語になおしなさい。
　　A：この湖をどう言いますか。[you を主語にして]
　　B：浜名湖です。

解答

What do you call this lake? --- We call it Hamanako.

語句 ⑴lake「湖」

解説

問いと答えを見ると、「この湖＝浜名湖」の関係がありますが、「言う」と書いてありますね。

　また日本語で考えてしまっていますよ。これまで学習してきたように、動詞を見て、その動詞から英文を作ることが重要です。動詞のあとに何が

続くのか、どんな品詞を置くのか、それを意識することを忘れないでください。

　イコール関係の名詞が2つ続くということは、第5文型のcallを用いるということです。「呼ぶ」ならcall、「言う」ならsayと日本語の意味だけで判断してはいけませんよ。それでは、「どう」はどのような英語にしますか？

> 「どう」だけ見るとhowを使いたくなりますが、名詞が答えになるのだから、疑問代名詞whatを使わないといけない、ということですね。

　そのとおりです。日本語だけで判断してしまわないよう注意してくださいね。

練習問題 ❸

次の英文を日本語になおしなさい。

(1)① This machine can make sandwiches quickly.
　② This machine makes me a cup of coffee.
　③ This machine will make our life better.
(2)① I found this book easily.
　② I found this book easy.
　③ I found my son a good book.

解答

(1)①この機械はすばやくサンドイッチを作ることができます。
　②この機械は私にコーヒーを1杯いれてくれます。
　③この機械によって、私たちの生活はよりよくなるでしょう。
(2)①私はこの本を簡単に見つけました。
　②私はこの本が簡単だとわかりました。
　③私は息子に、よい本を見つけてあげました。

語句　(1) machine「機械」／ sandwich「サンドイッチ」／ quickly 「速く」

■解 説◀

　どの文も動詞のあとに名詞がありますから、〈ＳＶＯ〉までは確定です。第3文型、第4文型、第5文型は、〈ＳＶＯ〉のあとが違います。第3文型はＭ（副詞、もしくは〈前置詞＋名詞〉）、第4文型がＯ（名詞）、第5文型がＣ（名詞もしくは形容詞）です。

　⑴① quickly＝副詞→Ｍで、第3文型です。

　② a cup of coffee＝名詞→Ｏです。a cup of coffeeはmeとイコール関係はなく、第4文型です。

　③ betterはgoodの比較級です。good＝形容詞→Ｃで第5文型です。betterはwellの比較級でもありますが、our life＝goodの関係を見抜きましょう。

　⑵① easily＝副詞→Ｍで、第3文型です。

　② easy＝形容詞→Ｃで、第5文型です。〈find＋Ｏ＋Ｃ〉で「ＯがＣだとわかる」の意味です。

　③ a good book＝名詞→Ｏで、第4文型です。〈find＋Ｏ＋Ｏ〉は「（人）に（物）を見つけてあげる」です。

　今回からは新しい時制の現在完了を学習します。

> レッスン**1**　**現在完了のイメージ**

　2年生の初めにも学習する時制ですが、そもそも「時制」はいくつある
でしょうか。

> 　今まで習ってきたものを順番に思い出すと、現在形、現
> 在進行形、過去形、過去進行形、未来形です。これに現
> 在完了が加わると6つですか？

　しっかり勉強できていますね。
　「時制」というのは、ある動作や状態がいつのものかを分類するために必
要なもので、普通「現在」「過去」「未来」の3つに分けています。
　動詞の未来形はないので、厳密には「現在」と「過去」しかないのかも
しれませんが、問題を解くときには、3つに分けて考えるとわかりやすい
です。

英語の ツボ⑪

◆**時制は、「現在」「過去」「未来」の3つ♪**

　現在進行形や過去進行形、これから学ぶ現在完了が、「現在」「過去」「未
来」3つの時制のどれにあたるかを考えることが大事です。現在完了はそ
の名のごとく、「現在」時制のうちの1つです。

◆現在時制の見取り図

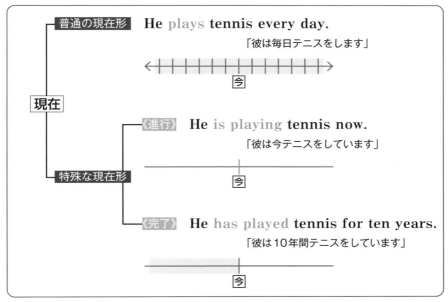

　わかりやすい言葉が見つからず、「普通の現在形」「特殊な現在形」と表しました。「普通の現在形」は、現在の状態や習慣を表すもので、am / are / is / do / does を使う時制です。

　「特殊」といわれるものには、「進行」と「完了」がありますが、これは、今（現在）をどんなレンズで見るかの違いだと考えたらよいと思います。「今」しか映らないレンズで見たのが「進行」、過去から現在まで映るレンズで見たのが「完了」です。そしてこの見取り図が、過去にも未来にも適用されていきます。

英語のツボ⑫
◆現在完了のイメージ→過去の出来事が現在に影響を与え、
　その結果として現在どういう状況にあるのかを述べたもの♪

「現在完了」は日本語にはない「時」の見方なので、具体的に見ていきましょう。

◆現在完了の文

▶ **現在完了の動詞の形**

〈have[has] ＋過去分詞〉

▶ **否定文の形**

〈主語＋have[has] not ＋過去分詞 ～ .〉

→ have[has]のあとにnotをつけ、
have[has] notという形を作る。

▶ haven'tやhasn'tと短縮形にすることも可能

▶ **疑問文の形と答え方**

〈Have[Has] ＋主語＋過去分詞 ～ ?〉

→ have[has]を主語の前に移動させる。
答えるときは助動詞have[has]を使う。
「はい」の場合⇒〈Yes, 主語＋have[has].〉
「いいえ」の場合⇒〈No, 主語＋haven't[hasn't].〉

現在完了の動詞の形は〈have[has] ＋過去分詞〉です。

過去分詞は受動態でも学びました。「過去」という語句がついていますが、時制を表しているわけではありませんでしたね。

haveとhasは主語によって使い分けます。have / hasが助動詞の役割です。だから、現在時制だとわかりますね。否定文は、have[has]のあとにnot、疑問文はhave[has]を主語の前に出します。

レッスン2　現在までの「状態」の継続を表す：現在完了の継続用法

現在完了は、過去にあった出来事が、**現在まで、ある「状態」が継続している**ことを表します。

> I moved to Tokyo in 2015.　「私は2015年に東京に引っ越してきました」
> I still live in Tokyo.　「私は今も東京に住んでいます」

過去の状態と現在の状態を2つの文で表したのが上の文です。これらを、現在完了を使うことで1つの文にして表すことができます。

◆現在完了の継続用法

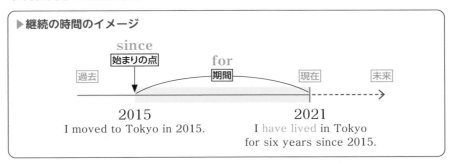

▶継続の時間のイメージ

▶現在完了の継続用法でよく使われる語句

〈for＋「期間」を表す語句〉	・**for six years**「6年間（ずっと）」 ▶期間：a / -sがついている名詞（単数名詞・複数名詞）
〈since＋「始まりの点」を表す語句〉	・**since 2015**「2015年から（ずっと）」 ▶始まりの点：過去を表す名詞
〈since接＋S＋V（過去形）〉	・**since I was a child** 「子どものころから（ずっと）」
How long ～ ?	・How long **have you lived in Tokyo?** 「どのくらい東京に住んでいますか」

I moved to Tokyo in 2015. が過去の出来事です。2015年の出来事なので、過去形で表してあります。2015年に東京に引っ越し、現在まで東京に住んでいる状態が継続しているので、それを現在完了で表現してい

ます。**現在までの状態の継続**を表す**現在完了**です。

◆継続期間の表し方

　継続期間の表し方を2つ覚えましょう。**for**は**期間**を表します。期間はa monthやtwo yearsのように、単数名詞につけるa / anや複数の -sがついている名詞になります。

　もう1つは**since**です。これは初めて見る単語ですね。「～から；～以来」の意味で、継続の始まりの点を表します。現在完了では、必ず現在まで継続することがわかっているので、それがいつ始まったかを伝えればいいですね。過去から現在まで継続するので、始まりの点は過去を表す名詞です。

　今紹介した**for**と**since**は前置詞ですが、**since**には接続詞としての働きもあります。接続詞の場合は、あとに〈S＋V ...〉が続きます。Vを過去形にすることによって、そこが始まりの点であることを表します。

確認しよう

・My mother **has been** sick in bed **for** three days.
　　　　　　「母は3日間、病気で寝ています」
・My father **hasn't been** in Japan **since** last month.
　　　　　　「父は先月から日本にいません」
・**Have** you **known** Mr. Suzuki **since** you were young?
　　　　　　「あなたは若いときから鈴木さんを知っていますか」
　---Yes, I **have**.　「はい、知っています」
　---No, I **haven't**.　「いいえ、知りません」
・How long **has** your brother **been** a rugby fan?
　　　　　　「あなたのお兄さんはいつからラグビーファンなのですか」
　---He **has been** a rugby fan **for** two years.　「2年前からです」

練習問題

次の英文を、[　　]内の指示にしたがって書き換えなさい。

(1) I live in Japan. [文末に「3年間」を加えて現在完了の文に]
(2) He has a fever. [文末に「今朝から」を加えて現在完了の文に]
(3) They are sumo fans. [文末に「日本に来てから」を加えて現在完了の文に]

(4) My father has been busy since last week.［否定文に］

(5) I have wanted a guitar <u>for five years</u>.［下線部が答えの中心になる疑問文に］

(6) I don't see him.［文末に「長い間」を加えて現在完了の文に］

(7) Is it sunny?［文末に「3日前から」を加えて現在完了の文に］

解 答

(1) I have lived in Japan for three years.／「私は日本に3年間住んでいます」

(2) He has had a fever since this morning.／「彼は今朝から熱があります」

(3) They have been sumo fans since they came to Japan.／「彼らは日本に来てから、相撲ファンです」

(4) My father hasn't[has not] been busy since last week.／「父は先週から忙しくありません」

(5) How long have you wanted a guitar?／「あなたはいつからギターが欲しいと思っているのですか」

(6) I haven't seen him for a long time.／「私は長い間彼に会っていません」

(7) Has it been sunny for three days?／「3日前から晴れていますか」

語句 (3) fan「ファン」 (7) sunny「晴れた」

解 説

(1)現在完了の文では〈have[has]＋過去分詞〉を用います。「3年」three yearsは期間なのでforを用います。

(2)haveの過去分詞はhadです。これをhasのあとに書けましたか？ this morningは始まりの点なので、sinceを用います。

(3)「日本に来てから」は、sinceを接続詞で用いて〈since＋S＋V ...〉で表します。主語はthey、動詞の時制は過去でしたね。comeは圓なので、toを忘れないように。be動詞の過去分詞はbeenです。

(4)現在完了の否定文はhasのあとにnotを置きます。短縮形はhasn't で表します。

(5)「どのくらいの間〜か？」という期間はHow longでたずねます。

(6)助動詞をdoからhaveに変えます。「長い間」はfor a long timeで

す。long timeにつくaを忘れずに。

　⑺　「3日前から」という言葉にひきずられて、×Has it been sunny since three days ago? としてしまった人はいませんか？　間違えた人は、three days agoが過去を表す語なのでsinceのあとにつけてしまったのだと思いますが、three days agoは副詞なので、前置詞のあとに置くことができません。since 〜 agoは間違いです。<u>継続期間の表現の仕方はsinceかfor</u>なので、これを期間のforを用いてfor three daysと表現します。agoがなくなれば期間になります。「be動詞の文だから、beenもitの前に出るのでは？」と思った人は、2年生に戻って復習しましょう。

レッスン❸ **現在までの「動作」の継続を表す：現在完了進行形**

　現在まで、ある「動作」が継続している場合は、<u>現在完了進行形</u>を用います。動詞の形は、下のように2つずつの合わせ技で考えてみましょう。現在完了進行形は 〈<u>have[has] been ＋動詞の -ing形</u>〉 の形です。

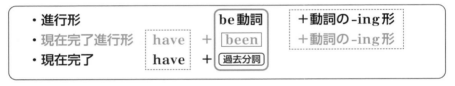

　1年生のときに「進行形にできる動詞」と「進行形にできない動詞」を学びました。「進行形にできない動詞」は現在完了進行形にもできません。
　現在完了進行形がどんな位置づけかを説明しますが、次の節でお話しする、他の現在完了の用法も含めています。

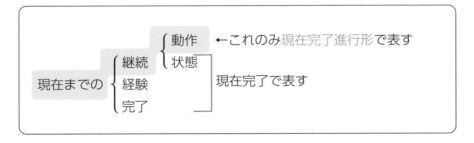

　「進行形」は、ある時点で動作が進行中であることを表すので、たとえ動作動詞であっても、次節から勉強する「現在完了の経験」や「現在完了の

完了」の意味にならないことが理解できると思います。

◆現在完了進行形の文の形

| 進行形 | **I am swimming now.** |
| 現在完了進行形 | **I** have been swimming for **half an hour.** |

「私は30分間（ずっと）泳いでいます」

| 進行形 | **Is it raining now?** |
| 現在完了進行形 | **Has it** been raining since **this morning?** |

「今朝から（ずっと）雨が降っていますか」

練習問題 ❶

次の英文がほぼ同じ内容になるように、（　　　）内に適当な語を書きなさい。

(1) I got sick yesterday, and I'm still sick.

　I (　　　　)(　　　　) sick (　　　　) yesterday.

(2) She began studying English an hour ago, and she's still studying it.

　She's (　　　　)(　　　　) English (　　　　) an hour.

解 答

(1) have been, since ／「私は昨日から（ずっと）病気です」

(2) been studying, for ／「彼女は1時間（ずっと）英語を勉強しています」

解 説

　(1)1文目のカンマの前の過去形の文は「過去の出来事」を表している部分、カンマのあとの現在形の文は「その結果として現在どういう状況にあるのか」を述べている部分です。現在完了を用いて2つの文を1つの文にまとめることができます。現在の状況を表しているのが現在完了ですから、必ず現在形の動詞を用いて現在完了にしてくださいね。

　(2)(1)と同様、カンマの前が「過去の出来事」、カンマのあとが「現在の状況」を表しています。1文目のshe'sはshe isの短縮形、2文目のshe'sはshe hasの短縮形です。現在形の動詞はisですから、これを用いて現在完了にします。

　ただし、(2)は「現在も継続している動作」なので、現在完了進行形を

用いて表します。「現在も継続している動作」は「study」なので、has been studyingとなります。

　なお、(2)の1文目のbeganのあとのstudyingは名詞の働きの**動名詞**です。⑩beginの目的語になっているからですね。現在分詞と動名詞の違いが気になる人は2年生を復習しましょう。

　今回学んだ内容は、現在完了の「継続用法」と呼ばれますが、「継続」だけがひとり歩きし、「継続の意味になるときは現在完了で書けばいいんだよね」と、誤解する人がいます。そうならないように、次の 例題 で確認しましょう。

例題

次の英文の（　　　）内から適当な語句を選びなさい。
(1) It (was, has been) very hot last month.
(2) It (was, has been) very hot since last month.
(3) It (was, has been) very hot for a month last summer.

解答

(1) was ／「先月はとても暑かった」
(2) has been ／「先月から（ずっと）とても暑い」
(3) was ／「去年の夏の1か月間はとても暑かった」

語句　(1) hot「暑い」

解説

(1)は last month があるから過去形で、was です。(2)は last month の前に since があるから、過去から現在までの継続で、has been です。
(3)は継続を表す for があるので、(2)と同じように has been です。

　(1)と(2)は合っていますが、(3)のような考え方をしないための 例題 ですよ。

でも、継続は since と for でしたよね？

（1）の問題の答えの根拠は何ですか？　last monthがあるから、と自分で説明していましたね。

英語の ツボ⑬
◆**時制（現在・過去・未来）は、時を表す語（句・節）で判断する♪**

後ろに last summer が書いてありました。last summer で判断しなければならないということですね。（3）も was なのですね。

　そうです。「時」と「期間」は別ものです。「時」で時制は判断できますが、「期間」で時制は判断できません。「時」と「期間」は似ているように思いますが、「1か月間」はどの年でもとれますよね？

英語の ツボ⑭
◆**期間を表す for や期間をたずねる how long では時制は決まらない♪**

　（1）〜（3）を図で見てみましょう。「今」を含んでいるものだけ、現在完了で表すことができます。

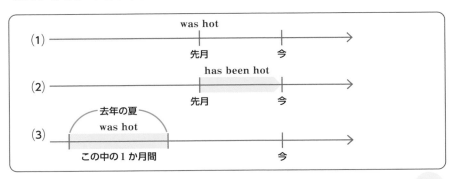

次の日本語に合うように、（　　）内の語句を並べ替えなさい。ただし、不要なものが１つある。

(1) あなたたちはいつから知り合いですか。

（ you / when / each other / known / how long / have ）?

(2) 私は子どものころ、ダンサーになりたいと思っていました。

I (when / a dancer / a child / wanted / be / was / since / to / I).

(3) 彼が死んで５年です。

He (dead / dying / for / has / been) five years.

(4) 今まで外で何をしていたのですか。

What (you / doing / been / done / have) outside?

解答

(1) How long have you known each other?　不要語＝ when

(2) wanted to be a dancer when I was a child　不要語＝ since

(3) has been dead for　不要語＝ dying

(4) have you been doing　不要語＝ done

語句　(1) each other「おたがい」　(2) dancer「ダンサー」　(3) dead「死んでいる」　(4) outside「外で」

解説

　(1)whenとhow longのどちらかが不要になります。残りの語句から、現在完了の疑問文have you known each otherの語順が決まります。each otherは「おたがい」という意味の代名詞で、knowの目的語になっています。know each otherで「知り合い」と訳すことが多いので、知っておきましょう。whenは「時の１点」をたずねるときに用いるので、「いつから（現在まで）」という継続期間をたずねることはできません。How long have you known each other? と文にします。whenを用いて表すと、When did you know each other?「あなたたちはいつ知り合ったのですか」という過去の文になります。

　(2)この問題は過去の文です。haveがありません。I wanted to be a dancerのあとの副詞節を、whenを用いるか、sinceを用いるかを考える

問題です。sinceは現在までの継続がいつ始まったかを表す語なので、過去の文では使えません。whenを用いて、I wanted to be a dancer when I was a child. という文にします。

　sinceを用いて表す場合、主節は現在完了になり、I have wanted to be a dancer since I was a child. 「私は子どものころからダンサーになりたいと思っていました」という文になります。

　whenとsinceのあとが同じ過去形でも、主節の時制が異なることを理解しましょう。

過去の文
I wanted　　　to be a dancer when I was a child.
過去形　　　　　　　　　　　　　　接続詞　S　V（過去形）

現在完了の文
I have wanted to be a dancer since I was a child.
現在完了　　　　　　　　　　　　　接続詞　S　V（過去形）

---

(3)He has beenまでとfor five yearsまではわかると思います。

> その間の単語を選ぶのですよね。dead ってなんですか？　過去形の died の間違いじゃ……。だって、彼は死んだのでしょう？

　彼は5年前に死んだのですが、それを現在完了で表現しようとしているのですね。deadはdiedの間違いでは、という質問でしたが、been diedとはどういう状況かわかりますか？　過去分詞のdiedのつもりかもしれませんが、前にbe動詞があるということは、受動態になっています。dieは圓ですから、受動態にはなりません。He has been dead for five years. が答えの文です。deadは「死んでいる」という意味の形容詞です。死んでいる状態が5年間継続している、という表現をしているのです。

◆ 「死んで○年」の表し方

　「彼が死んで5年です」は、次の4通りで表現できます。どの時制を用いるのか、そして、どの主語に対してどの動詞を用いるのか、間違えないよ

うに覚えましょう。「だって、彼は死んだのでしょ？」と思ってdiedがひらめいた人は、次の①の表現になりますよ。

①He died five years ago.「彼は5年前に死にました」agoを用いるから、dieを過去形で書きます。

②He has been dead for five years.「（直訳）死んだ状態が5年継続しています」→「彼が死んでから5年が経ちました」

③Five years have passed since he died. passは圓で、「時」を主語にして「〔時が〕経つ」という意味です。「彼が死んでから5年が経ちました」という訳になります。

④It has been[is] five years since he died. 時刻や曜日を表すときにIt is を用いました。それと同じ感覚です。この言い方だけ、sinceがあっても、isを使って普通の現在形It is five years since he died.でも、同様の意味を表すことができます。
　③と④を混乱しないようにしてください。
　dieを進行形で用いると、「死にかけている」の意味なので、He has been dying for five years. は5年間死にかけている状態が現在まで継続していることになり、まだ「彼は生きている」ことになりますからね。

(4)What have you done outside? では単語が2つ不要になってしまいます。doは動作動詞なので、現在完了進行形を用いて、現在までの動作の継続を表しましょう。

イントロダクション
☑ 現在完了の経験用法の文を作る　▶1
☑ 現在完了の完了用法の文を作る　▶2
☑ 現在完了の文の gone と been を使い分ける　▶3

今回は現在完了の続きです。

> レッスン**1**　**現在までの「経験」を表す**：現在完了の経験用法

　現在完了は、「**〜したことがある**」と**現在までの経験**の意味を表すことがあります。

◆現在完了の経験用法

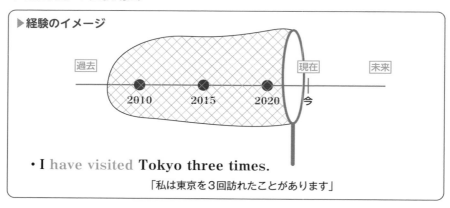

▶経験のイメージ

過去　　　　　　　　　　　　　　現在　　未来
2010　　2015　　2020　　今

・I have visited Tokyo three times.
「私は東京を3回訪れたことがあります」

　2010年、2015年、2020年に東京に行ったことは、それぞれ過去形で表現しますね。現在に棒を立てて、何回行ったかな、とその行為を網ですくうイメージです。網にかかった数を経験の数として現在完了で表現します。

> 「東京に行く」は、visit を用いずに go to で書いてもいいですよね。

「〜に行ったことがある」は、have gone to ではなく、have been to を用います。gone と been については、のちほど説明します。

　経験用法では、次のような副詞を用います。説明しやすいために「経験用法」と呼んでいますが、「現在までの」経験という意味ですからね！

◆現在完了の経験用法でよく使われる語句

表すことと 文中の位置	語句	意味
回数を表す ：主に文末	once	「1回；1度」
	twice	「2回；2度」
	〜 times	「〜回；〜度」（3回以上はthree timesのように表す）
	many times	「何回も；何度も」
頻度を表す ：have[has]のあと	often	「しばしば」
	sometimes	「ときどき」
経験の有無を表す ：過去分詞の前	ever	〔yes/no疑問文で〕「今までに」
	never	〔否定文で〕「1度も〜ない」
疑問文：文頭	How many times 〜 ?	「何回〜？」

確認しよう

・How many times have you climbed Mt. Fuji?
　　　　　　　　　「あなたは（今までに）富士山に何回登ったことがありますか」
　---I have climbed it twice. 「2回登ったことがあります」
・Have you ever seen a UFO?
　　　　　　　　　「今までにUFOを見たことがありますか」
　---Yes, I have. 「はい、ありますよ」
　　　No, I never have.「いいえ、一度もありません」
・I have never tried *natto*.
　　　　　　　　　「私は今までに一度も納豆を食べたことがありません」

次の英文を、[　　]内の指示にしたがって書き換えなさい。

(1) I played golf. [「5 回」を加えて現在完了の文に]

(2) My mother didn't drive a car. [never を用いて現在完了の文に]

(3) Did you read "Rashomon"? [ever を用いて現在完了の文に]

(4) I have ridden a roller coaster <u>twice</u>. [下線部が答えの中心になる疑問文に]

解答

(1) I have played golf five times. ／「私は (今までに) ゴルフを 5 回したことがあります」

(2) My mother has never driven a car. ／「母は (今までに) 車を運転したことが一度もありません」

(3) Have you ever read "Rashomon"? ／「あなたは今までに『羅生門』を読んだことがありますか」

(4) How many times have you ridden a roller coaster? ／「あなたは (今までに) ジェットコースターに何回乗ったことがありますか」

語句 (1) golf「ゴルフ」 (4) ride「〜に乗る」< ridden 過去分詞 >／ roller coaster「ジェットコースター」

解説

(1)「5 回」は five times と表します。time は「回；倍」の意味では可算名詞です。

(2) never の "n" は not の意味で、否定の意味がすでに含まれています。hasn't never とした人はいませんか？　それでは否定語が二重になってしまいます。

(3) ever は過去分詞の前に置きます。

(4) 回数をたずねる文は How many times 〜 ? を用いて表します。

レッスン2　現在までの「完了」を表す：現在完了の完了用法

現在完了では、**現在までに動作が完了したかどうか**を表すこともできます。

◆現在完了の完了用法のイメージ

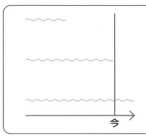

・I have **already** done my homework.

「私はもう宿題を終えてしまいました」

・I have **just** done my homework.

「私はちょうど宿題を終えたところです」

・I **haven't** done my homework **yet**.

「私はまだ宿題を終えていません」

今

◆現在完了の完了用法でよく使われる語句

語句	意味	語句を置く位置
just	「ちょうど〜（したところ）」	notの位置
already	〔普通の文で〕「もう；すでに」	notの位置
(not 〜) yet	〔否定文で〕「まだ〜ない」	文末
yet	〔疑問文で〕「もう」	文末

　第3節 で、「進行」と「完了」は現在をどんなレンズで見るかの違いだ、という話をしましたが、この完了用法で考えるとわかりやすいと思います。

　みなさんが自分の部屋にいるとき、親の足音が聞こえた瞬間、「勉強しているふり」をした経験はありませんか？　親は部屋のドアを開けた瞬間の状態しか見ていません。つまり、「今」しか映らないレンズでみなさんを見るわけです。

　もし、とっくに宿題をし終えて（I have already done my homework.）、ちょっと休憩したとしたら、親の目にはYou aren't studying now. しか映りません。そう思われたくなくて、「勉強しているふり」をしなければならないのですね。

　もし、ゲームをしていてまだ宿題が終わっていなかった場合は（I haven't done my homework yet.）、勉強をしている最中なので、親の目にはYou are studying now. と映り、「よく勉強しているね♪」なんてほめられたりするわけです。

　過去から現在までが見通せるレンズで見るのと、今しか映らないレンズでは、上の状況だとまったく逆に映るのがわかりますか？

次の日本語に合うように、(　　　)内に適当な語を書きなさい。

(1) 私はもう車を洗いました。

　　 I have (　　　　) washed my car.

(2) あなたはもう車を洗いましたか。

　　 Have you washed your car (　　　　)?

(3) 彼はまだ昼食を食べていません。

　　 He (　　　　) eaten lunch (　　　　).

(4) 彼はちょうど昼食を食べたところです。

　　 He has (　　　　) eaten lunch.

解 答

(1) already　　(2) yet　　(3) hasn't, yet　　(4) just

語句　(1) wash「〜を洗う」

解 説

　　(1)と(2)の「もう」を区別しましょう。位置の違いも注意してください。

　　(1)普通の文の「もう」は**already**を用います。

　　(2)疑問文の「もう〜しましたか」は**yet**で表します。

　　(3)否定文の「まだ〜していない」は**not 〜 yet**で表します。

　　(4)「ちょうど」は**just**を用います。

練習問題 ❷

次の英文の(　　　)内から適当な語句を選びなさい。

(1) I (lost, have lost) my scarf, so I'm looking for it.

(2) I (lost, have lost) my scarf, so I bought a new one.

(3) I (appeared, have appeared) on TV once when I was a child.

(4) A: When (did, have) you read this book?

　　 B: When I was absent from school. I (liked, have liked) it since then.

解答

(1) have lost ／「私はマフラーをなくしてしまったので、それを探しているところです」

(2) lost ／「私はマフラーをなくしたので、新しいものを買いました」

(3) appeared ／「私は子どものころ、テレビに一度出ました」

(4) did ／ have liked ／「この本をいつ読みましたか」「学校を休んだときです。そのときからその本が気に入りました」

語句 (1) lose「～を失う」＜lost 過去形・過去分詞＞／ scarf「マフラー」／ look for「～をさがす」 (3) appear「現れる」 (4) be absent from「～を欠席する」

解説

(1)(2)現在完了は、過去と区別がつくかがポイントです。

> (1)と(2)は最初が同じ文なので、きっとどちらかが lost で、どちらかが **have lost** だと思うのですが、現在完了のどの用法かを判別するキーワードがなくて悩みます～！

たしかにどちらかがlostで、どちらかがhave lostです。現在完了にはいくつかの用法があるので、その用法で用いる代表的な副詞を紹介しますが、いつもその「キーワード」があるわけではありません。使っていない文だってたくさんあります。そして、現在完了の文に出あったとき、用法を分類するより、「だから現在どうなんだろう」ということを考えてもらいたいのです。(1)と(2)の違いは、続いている文ですね。

(1)はなくしたマフラーを探しています。(2)は新しいマフラーを買っています。現在完了のhave lostを選ぶ文脈は、「今もマフラーがない」状態のときです。これでわかりますね。

> (1)は今もマフラーがない状態です。(2)を現在完了にすると、「今もマフラーがないから、過去において新しいマフラーを買った」になってしまうので、おかしいです。

そうですね。(1)は現在完了の **have lost**、(2)は過去の文なので **lost** です。

(3)「onceがあるから経験用法だ」と思った人はいませんか？　「時制（現在・過去・未来）は、時を表す語（句・節）で判断する♪⇒ 第**3**節 **英語の ツボ⑬**」ですよ！　選択肢に過去形と現在完了があるということは、現在と過去というまったく違う時制が選択肢になっているのだから、まずは、時を表す語（句・節）を探すのが先決です！

> **when I was a child** がありました。前の節でやりました。**appeared** です。

そうですね。「時」を表す語（句・節）はだいたい文の最後にひそんでいるので、注意してください。

(4)問いの文も when、答えの文も when で始まっていますね。

> ちょっと…ややこしいです。

問いの when は疑問詞です。答えの when は接続詞です。when に対して、〈when＋Ｓ＋Ｖ…〉で答えたものです。〈when＋Ｓ＋Ｖ（過去）…〉の主節は過去時制ですね。前の節でやりました。when と since のあとが同じ過去形でも、主節の時制が異なりましたね。

問いは過去形なので **did** を選び、答えは since があるので、安心して現在完了の **have liked** が選べます。

レッスン③ 現在完了で用いる gone と been の使い分け

現在完了では、「行く」を表す場合、状況に応じて go の過去分詞 gone と be 動詞の過去分詞 been を使い分けます。

◆現在完了で「行く」を表す gone と been

> ・gone…**行って、今ここにいない**
> ・been…**行って、今ここにいる**

現在完了は結局「今はどういう状況なのか」を述べているので、「今どこにいるか」で gone と been を使い分けています。

それぞれの文例を、どんな意味か考えてみてください。

確認しよう

例1 He has gone to Australia, so he isn't here now.
例2 He has been to Australia once.
例3 He has just been to the flower shop.
例4 He has been in Australia since last week.

解答

例1 「彼はオーストラリアに行って、今ここにいません」
例2 「彼は一度オーストラリアに行ったことがあります」
例3 「彼はちょうど花屋に行ってきたところです」
例4 「彼は先週からオーストラリアにいます」

解説

例1 の gone は「行った結果、今ここにいない」の意味です。so のあとにはっきり「今ここにいない」とあります。「彼はオーストラリアに行って今ここにいません」という意味です。

例2 の been は「行った結果、今ここにいる」です。once は経験の回数を表しますから、「彼は一度オーストラリアに行ったことがあります」ですね。経験の有無は今ここで述べることができますからね。

been があって、「行った結果、今ここにいる」です。just はちょうど今完了したということなので…。

「彼はちょうど花屋さんに行ってきたところです」ということです。行って戻ってきてちょうど今ここにいる、ということですよ。

 例4 は been ですが、続く前置詞は in ですね。「行く」の意味であとに in が続いていいのですか？

これは存在の be 動詞ですよ。since があるので継続して存在しているということです。「彼は先週からオーストラリアにいます」の意味です。

まとめてみましょう。

◆ gone と been の意味

have gone to 〜	「〜へ行ってしまった（今ここにいない）」
have been to 〜	go の意味 ① 「〜へ行ったことがある」（今ここにいる） ② 「〜へ行ってきたところだ」（今ここにいる）
have been in 〜	be 動詞の意味 「〜にいる」

上の表のように目星をつけてみましょう。to につながる been は「go の意味」、in など場所を表す前置詞につながる been は、存在の「be 動詞の意味」で、be 動詞の過去分詞です。

例題

次の日本語を英語になおしなさい。

A：今までに外国に行ったことがありますか。

B：はい、2年前にあります。

解 答

Have you ever been abroad? [Have you ever been to a foreign country?]---Yes, I went abroad two years ago.

語句 ⑴ abroad「外国へ［に］」

解 説

⑴現在までの経験の有無をたずねているので、**ever**を用いて<u>現在完了</u>の<u>疑問文</u>にします。「<u>行ったことがある</u>」は**been**を使うのでしたね。**Have you ever been abroad?** です。

> あれ？ **been** のあとに **to** がないですよ。この **been** は **go** の意味だから、**to** が必要ですよね？

abroadは「外国へ［に］」という<u>副詞</u>です。toを用いたいなら、**Have you ever been to a foreign country?** になります。abroadは覚えておきたい副詞です。

> 答えの文は…Yes, I have been abroad two years ago. ですか？ あれ、何かがおかしい気がします…。

そうですね。どこがおかしいか考えてみましょう。

> **two years ago** と現在完了は一緒に用いることができません。「あります」と書いてあると、ついつい現在完了の経験のように思ってしまいます。

そのとおりです。<u>時を表す語句で時制を判断する</u>のでしたから、two years agoより過去時制です。**Yes, I went abroad two years ago.** ですね。日本語の訳で時制は決まりませんからね！

次の日本語を英語になおしなさい。

(1) 私は5年前にそこに行ったことがあります。

(2) 電車はもう駅に到着していますか。

解 答

(1) I went there five years ago.

(2) Has the train <u>arrived at</u>[got to] the station yet?

語句 (2) arrive at/get to「〜に到着する」／ station「駅」

解 説

　(1)「〜したことがある」という日本語で時制を決めるのではありませんでしたね。時を表す語句five years agoより、時制は過去とわかります。thereはabroadと同様、「そこへ」という意味の副詞なので、go to thereとしてはいけません。

　(2)「もう」がalreadyなのかyetなのか、間違えずに書けましたか？疑問文なので、yetを用いますよ。

MEMO

今回は 2 年生で学習した、受動態の復習です。

レッスン 1　受動態の表現

　動作をする側を主語にした文を能動態、**動作を受ける側を主語にした文**を受動態といいます。受動態では、能動態の文で目的語だった語句が主語になります。

英語の ツボ⑮
◆**受動態とは、能動態の目的語を主語にした文♪**

　日本語の「れる；られる」は受け身以外に、可能・尊敬・自発、そして被害を表すときにも使うので、「〜られる」「〜される」という意味の文を書くときに受動態を用いる、と覚えてはいけません。

　また、「感情」を表す文の多くは受動態を用いますが、日本語の訳が「〜される」にはなりません。なぜなら、英語では、人間の感情にはその原因があると考え、原因にあたるものを主語にして、人を目的語にとる動詞が多いからです。

◆受動態の動詞の形と作り方

　〈be 動詞＋過去分詞〉で、be 動詞が助動詞です。つまり、be 動詞が時制を表し、否定文・疑問文の作り方は、be 動詞のルールにしたがいます。

◆受動態の文

▶受動態の形
　〈be動詞＋過去分詞〉
▶受動態の文の作り方
　①能動態の文の目的語を主語にする。
　②動詞を〈be動詞＋過去分詞〉にする。
　③動作主を言いたいときは by 〜を用いる。

①第3文型（ＳＶＯ）の受動態

能動態の文	He loves her.	「彼は彼女を愛しています」
	S　V　O	

受動態の文	She is loved (by him).	「彼女は（彼に）愛されています」
	S'　　V'	

　by 〜は、動作主を言いたいときに加えます。能動態なら絶対言わなくてはならない主語を、受動態では修飾語にできるということは、**動作主が不明**な場合や**動作主をわざわざ言う必要がない**ような場合に受動態が好まれるということです。ですから、〈by＋動作主〉のない受動態の文のほうが多いです。〈be動詞＋過去分詞＋by 〜〉を受動態の公式のように覚えると、いろいろ痛い目にあうこともあるので、気をつけましょう。

②第4文型（ＳＶＯＯ）の受動態
　第4文型は、目的語が2つあるので、原則として2種類の受動態の文を作ることができます。「物」が主語になるときは、「人」の前にtoやforを置くのが普通です。

My father gave me this watch. 「父が私にこの腕時計をくれました」
  S   V   O   O

→ 人を主語 **I was given** this watch by my father.
          S'   V'
                    「私は父にこの腕時計をもらいました」

→ 物を主語 **This watch was given** (to) me by my father.
          S'   V'

                    「この腕時計は、父にもらったものです」

My father bought me this watch. 「父がこの腕時計を私に買いました」
  S   V   O   O

→ 物を主語 **This watch was bought** for me by my father.
          S'   V'

                    「この腕時計は、父が買ってくれたものです」

▶〈物＋ for ＋人〉型の動詞は、「人」を主語にする受動態を作ることはできません。

③第5文型（ＳＶＯＣ）の受動態

第5文型は目的語が1つなので、1種類の受動態しか作れません。ＯとＣにイコール関係があるとはいえ、Ｃを主語にすることはできません。

We call him Tom.   「私たちは彼をトムと呼びます」
 S V   O   C

 → **He is called** Tom.   「彼はトムと呼ばれています」
   S'   V'

次の能動態の文を受動態の文に書き換えなさい。

(1) My father sometimes takes me to the zoo.

(2) She read these books.

(3) A lot of people will visit that park tomorrow.

(4) We can't use this building on Sunday.

(5) Does Mr. Kato teach them music?

(6) What do you call this fish in English?

(7) How many people did she invite to the party?

■ 解答

(1) I am sometimes taken to the zoo by my father. ／「私はときどき父に動物園に連れていってもらいます」

(2) These books were read by her. ／「これらの本は彼女によって読まれました」

(3) That park will be visited by a lot of people tomorrow. ／「あの公園は明日たくさんの人々が訪れるでしょう」

(4) This building can't be used on Sunday (by us). ／「この建物は（私たちによって）日曜は使うことができません」

(5) Are they taught music by Mr. Kato? / Is music taught (to) them by Mr. Kato? ／「彼らは加藤先生によって音楽を教えられますか」「音楽は加藤先生によって彼らに教えられますか」

(6) What is this fish called in English (by you)? ／「この魚を英語で何と言いますか？」

(7) How many people were invited to the party by her? ／「そのパーティーに何人の人が彼女に招待されましたか」

語句 (1) zoo「動物園」 (4) building「建物」 (7) invite A to B「A を B に招待する」

■ 解説

(1)受動態は、能動態の目的語を主語にした文です。目的語は動詞の直後の名詞でしたね。me が目的語なので、主語は I にします。the zoo が目的語ではありませんよ！　〈前置詞＋名詞〉の修飾語は、受動態による影響を受けない部分なので、to the zoo はそのままです。頻度の副詞 sometimes は not の位置に置きます。

(2)主語が she という三人称単数ですが、read に -s がついていないので、これは過去の文と判断します。主語が these books になるので be 動詞は were を用います。

(3)未来の文なので、be 動詞の未来を用いて will be visited で表します。

(4)can という助動詞を用いた文です。(3)の〈will be ＋過去分詞〉の will を他の助動詞にしても同様です。現在完了進行形でも学習しましたが、

動詞の部分は、2つずつの合わせ技で考えるとスムーズです ➡ 第3節 。

　一般的に「人」を表すby us ／ by you ／ by themは省略するほうが自然です。

　(5)第4文型の疑問文です。第4文型は目的語を2つとる文なので、theyが主語の文とmusicが主語の文の2種類の受動態が可能です。〈teach＋物＋to＋人〉ですから、「物」が主語になったときは、themの前にtoを入れるのが自然です。

　(6)疑問詞で始まる第5文型の疑問文です。疑問詞を含む文の場合は、もとの能動態の文にS・V・O・C・Mを書き込み、能動態の目的語を主語にするところから始めてください。
　下の図のように受動態の主語にS′を書いて、be動詞と過去分詞をどこに置くべきか確認してください。「この魚を英語ではどう言うの？」という日本語をWhat do you call this fish in English?と能動態で表せるようにしておきましょう。日本語から、まず能動態に英作文をして、その後受動態にしてください。

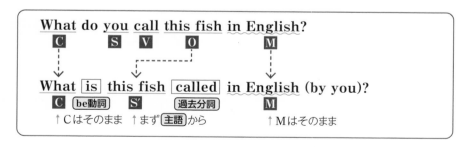

　(7)この文は疑問詞が受動態の主語になります。be動詞をwereにしましたか？　この文も、英語で表せるようにしておきましょう。

◆受動態、進行形、現在完了の違いと共通点

受動態と進行形は、be動詞が助動詞であることが共通で、あとに過去分詞を置くのか現在分詞を置くのかの違いです。

受動態と現在完了は、過去分詞を用いることが共通で、助動詞がbe動詞なのか、haveなのかの違いです。受動態で大事だった感覚を思い出してください。

英語の ツボ⑯

◆**受動態→他動詞なのに、後ろに名詞がない♪**

この感覚があれば、その文が受動態なのかどうなのか判断できます。

◆受動態と進行形の共通点と違い

	共通点	異なる点
受動態	be動詞が助動詞	過去分詞が続く
進行形		現在分詞が続く

◆受動態と現在完了の共通点と違い

	異なる点	共通点
受動態	be動詞が助動詞	過去分詞が続く
現在完了	haveが助動詞	

練習問題 で受動態・進行形・現在完了の判断ができるか、確認してみましょう。

次の英文の（　　　）内に入る適当な語句を**ア**〜**エ**から1つずつ選びなさい。

(1) A lot of beautiful flowers (　　　) in this park in spring.

 ア　are seen　　　　　　　**イ**　have seen

 ウ　are seeing　　　　　　**エ**　seen

(2) My mother (　　　) the rooms for an hour.

 ア　is cleaned　　　　　　**イ**　has been cleaning

 ウ　is cleaning　　　　　　**エ**　cleaning

(3) What sport (　　　) over there?

 ア　are they played　　　　**イ**　have they been played

 ウ　are they playing　　　　**エ**　is playing

(4) My grandfather has (　　　) for ten years.

 ア　been died　　　　　　　**イ**　died

 ウ　been death　　　　　　**エ**　been dead

解 答

(1) **ア**／「春にはたくさんの美しい花がこの公園で見られます」

(2) **イ**／「母は1時間（ずっと）部屋のそうじをしています」

(3) **ウ**／「彼らはあそこで何のスポーツをしているのですか」

(4) **エ**／「祖父が死んで10年です」

解 説

　(1)seeは㊗ですが、後ろに名詞がありません。正しい受動態の形になる語句の**ア are seen**を選びましょう。**イ**は過去分詞を使っていますが、現在完了なので能動態です。**エ**では時制を表す語がありませんね。

　(2)㊗cleanの目的語（the rooms）が後ろにあるので、受動態ではありません。**ア**は除外です。**エ**には時制がないので、**イ**と**ウ**のいずれかです。どちらも進行形になっていますが、継続期間があるため、現在進行中の動作を表す現在進行形はふさわしくありません。**イ has been cleaning**が正解です。

　(3)playはスポーツ名を目的語にとる㊗です。後ろに名詞はありません。もし受動態なら、What sportが主語になるので、What sport is played over there? になりますが、選択肢にありません。They が主語の能動態の文になる**ウ are they playing**を選びます。

（4）第3節 で学んだ「死んで〇年」の表現です。dieは固なので、受動態にできないので、**ア**を選んではいけません。**イ**は現在完了の継続用法になりそうですが、dieというのは瞬間に起こることなので、これを10年継続することは不可能です。「死んでいる」という状態を表す形容詞deadを用いている**エ been dead**が正解です。**ウ**のdeathは「死」という名詞です。人間と「死」という抽象名詞がイコールになることはありません。

レッスン2 動作主を by 以外の前置詞で表す表現とその他の熟語

◆動作主を by 以外の前置詞で表す表現

感情を表すもの	be surprised at 〜	「〜に驚く」
	be interested in 〜	「〜に興味がある」
make関連	be made of 〔材料〕	「〜でできている」
	be made from 〔原料〕	「〜から作られる」
	be made into 〔製品〕	「〜に作られる」
その他	be covered with 〜	「〜でおおわれている」
	be filled with 〜	「〜でいっぱいになる」
	be known to 〜	「〜に知られている」

◆感情を表す表現

　　1 でも説明しましたが、英語には、「物」が主語、「人」が目的語で「〔人〕を〜させる」という動詞が多く、受動態になって初めて、人の「感情」を表す表現になります。interestやsurpriseなどがこれにあたる単語です。

確認しよう

・I am interested in American history.

「私はアメリカの歴史に興味があります」

◆ make 関連の受動態の表現

　be madeのあとのof / from / intoは、それぞれの前置詞の意味を理解しておくと意味がわかります。ofは全体から部分を切りとるから材料、

fromは始まりを表すから原料、intoは変化を表すので製品です。

・This bridge **is made of** wood.　「この橋は木でできています」
・Wine **is made from** grapes.　「ワインはぶどうから作られます」
・Grapes **are made into** wine.　「ぶどうはワインになります」

練習問題

次の日本語を英語になおしなさい。
(1) 彼はその知らせを聞いて驚きました。
(2) バターは牛乳で作ります。
(3) 富士山は雪でおおわれていました。

解答

(1) He was surprised at the news. [He was surprised to hear the news.]
(2) Butter is made from milk.
(3) Mt. Fuji was covered with snow.

語句 (2) butter「バター」　(3) Mt. Fuji「富士山」

解説

(1)前置詞**at**には「～を聞いて；～を見て」という意味があります。不定詞を用いて、He was surprised to hear the news. とすることもできます。

(2)牛乳はバターの原料ですから、**from**を用います。Milk is made into butter. と同じことです。

(3)「～でおおわれている」は前置詞withを用います。

　仕上げの **例題** です。少し新しいことも入れてみますが、受動態の原点に戻ればできるはずです。

例題

次の日本語に合うように、(　　) 内の語句を並べ替えなさい。ただし、不要語や不足語がある場合は [　　] 内の指示に従うこと。

(1) 私は母から、父はカナダで生まれたと聞いています。

(my mother / my father / I / in / born / am / was / told / hear / by / that) Canada. [1 語不要]

(2) 人工知能のおかげで、私たちの生活はもっと楽になるでしょう。

(AI / our life / much easier / will / made / be). [1 語不足]

(3) 私は子どもの頃からずっと海外留学に興味がありました。

I (I / a child / since / studying abroad / interested / have / in / was). [1 語不足]

(4) 学校に行く途中で、知らない人が私に話しかけてきました。

(a stranger / I / spoken to / by / was) on my way to school.

(5) アメリカを発見したのはだれですか。

Who (America / discovered / was / by)?

第 **5** 節 受動態

第 **6** 節 動名詞・不定詞

第 **7** 節 不定詞を用いた構文(1)

第 **8** 節 不定詞を用いた構文(2)

解答

(1) I am told by my mother that my father was born in

(2) Our life will be made much easier by AI.

(3) have been interested in studying abroad since I was a child

(4) I was spoken to by a stranger

(5) was America discovered by

語句 (1) be born「生まれる」／Canada「カナダ」 (2) AI「人工知能」 (3) study abroad「海外留学をする」 (4) stranger「知らない人」 (5) discover「～を発見する」

解説

なんだか難しい問題ばかりですね…。

そんなことはありませんよ。今まで学んだことを正しく理解できていれば解けるはずです。受動態は、能動態の目的語を主語にしますから、受動態の文を作るときは、能動態で表してみることが大事です。

英語の ツボ⑰

◆受動態の文を書くために、まず能動態の文を書いてみる♪

答えが受動態の文かどうかはわからなくとも、まずは能動態で表すことが大事です。能動態で表すということは、動詞の主語が何か、目的語が何か、修飾語が何か、それを考える、ということですよ。

(1)まずは、2年生の復習です。

「父はカナダで生まれた」はわかります。「生まれる」が受動態だと知ったときは驚きました。

My father was born in Canada. ここはできますね。次にhearとtellがどんな動詞だったかを思い出せばいいわけです。

〈I hear that S＋V…〉で、「SがVだと聞いている」の意味になります。でも、そうすると「母から」の「から」がうまく書けません。

そうですね。hearを使うことはまちがいです。もしI hearから書くと、I hear from my mother that my father was born in Canada. です。

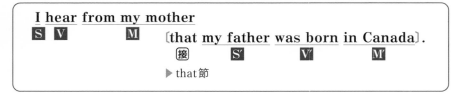

> **I hear from my mother**
> S V M 〔**that my father was born in Canada**〕.
> 接 S' V' M'
> ▶ that節

この文では与えられた語句と合わないので、hearを不要な語とし、tellを使う文を作ります。tellの使い方を思い出してください。

たしか、〈tell＋人＋物〉の「物」をthat節で書くのでした！

My mother tells me〔that my father was born in Canada〕.
　　　　　 S　　　 V

↓

I am told by my mother〔that my father was born in Canada〕.
S'　 V'

　そうでしたね。「母から」が、from my motherとby my motherと違う表し方になるのも興味深いですね。

　⑵madeがあるので、makeを使う文にすることはわかりましたか？makeはいろいろな文型で出てきましたよね。注目するのは、easierですよ。

> easier 形容詞の比較級ですね。形容詞ということは補語。つまり、第5文型（ＳＶＯＣ）ですか？

　そのとおり！　「Ｏ＝Ｃ」が「私たちの生活」＝「楽な」になるので、主語がAIです。能動態の文はAI will make our life much easier. このmuchは比較級を強めるmuchです。beとmadeがあるので、能動態の文を受動態にすれば、不足語はbyとわかるはずです。

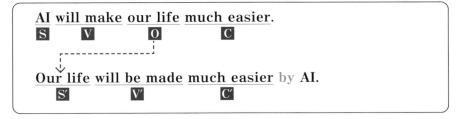

AI will make our life much easier.
S　 V　　　 O　　　 C

↓

Our life will be made much easier by AI.
S'　　　　 V'　　　　 C'

　⑶「子どもの頃から」は現在完了を用いる文です。「〜に興味がある」はbe interested in 〜で、前置詞のあとに動名詞がきますね。

69

現在完了は〈have＋過去分詞〉だから…、I have interested in studying abroad since I was a child. あれ、何も補わずに文になってしまいました。

「～に興味がある」はbe interested inなので、be動詞がありませんね。

ほんとですね。be動詞の語形は何ですか？　haveのあとに過去分詞のinterestedがもうありますが…。

動詞の形は、2つずつの合わせ技と説明しました。

受動態の動詞の形		〈be動詞＋過去分詞〉
現在完了の形	have	been 過去分詞

不足している語はbeenで、I have been interested in studying abroad since I was a child. となります。

でも、過去分詞が2つ並んでいます…。

結果としてそうなっただけです。be interested inは、受動態という意識も薄れて、ただの熟語のように思えているかもしれませんが、これで正しい現在完了の受動態が完成です。

(4)語数は少ないですが、少し新しい内容になっています。「知らない人が私に話しかけてきた」を能動態で表せますか？　使う動詞はspeakです。

speak は、言語名は目的語にとるけれど、人は目的語にとれませんでした。なので、A stranger spoke to me. です。答えは、I was spoken to by a stranger on my way to school. ですね。

そうです。新しい内容は、解きやすくしてあります。このspeakは後ろに前置詞がくるので自ですね。それなのに受動態ができるのは、speak toで1つの他として考えているからなのです。

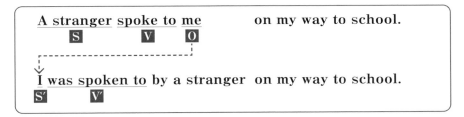

(5)能動態で表し、S・V・Oを書き入れ、目的語を主語にするところから始めます。

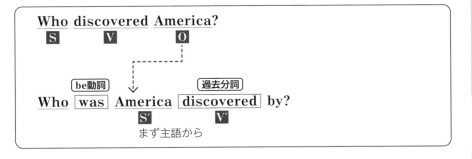

by のあとの名詞がわからなくて、who になって文頭に出たと考えればいいのですね！

そのとおりです。中学校ではまだ習いませんが、これを、By whom was America discovered? と書くこともあります。whoの目的格は本来whomなのですが、文頭はwhoを用いることになっているので、今まで

whomを見かけたことがなかったと思います。byを文頭に出すと疑問詞が文頭でなくなるので、本来の目的格whomを用いるのです。

くり返しになりますが、受動態のコツは「受動態の文を書くために、まず能動態の文を書いてみる♪ ➡ 英語の **ツボ⑰**」ですよ!

チャレンジ問題

次の文を、受動態を用いて、英語になおしなさい。

(1) ここではたくさんの星を見ることができます。

(2) これらの絵はどこで見つかりましたか。

(3) トムは私をグリーン先生 (Mr. Green) に紹介しました。

解 答

(1) A lot of stars can be seen here.

(2) Where were these pictures found?

(3) I was introduced to Mr. Green by Tom.

解 説

まず、能動態の文を書くところから始めましょう。

(1)seeの目的語が「たくさんの星」です。canを用い、We can see a lot of stars here. が能動態の文です。

(2)findの目的語がthese picturesです。Where did you find these pictures? が能動態の文です。these picturesを主語にし、be動詞と過去分詞の位置を確認するところから始めてくださいね。

(3)introduce A to Bで「AをBに紹介する」の意味です。Aが「私」、Bが「グリーン先生」です。introduceは第4文型をとる動詞ではないので注意してください。Tom introduced me to Mr. Green. が能動態の文です。

MEMO

■■ イントロダクション ■■

- ☑ 動名詞・不定詞・分詞（現在分詞と過去分詞）の性質を知る ▶1
- ☑ 動名詞の文の構造を理解する ▶2
- ☑ 不定詞の3つの用法を理解する ▶3
- ☑ 不定詞の名詞的用法と副詞的用法を区別する ▶3
- ☑ 「不定詞の名詞的用法」と「動名詞」の使い分けを知る ▶4

　ここから、句（準動詞）・節の学習が始まります。まずは2年生で学習した、準動詞の動名詞と不定詞を復習していきましょう。

> レッスン**1**　**準動詞の性質**

　時制を持っていない動名詞・不定詞・分詞（現在分詞と過去分詞）、この3つを準動詞といいます。「準動詞」という言葉そのものを覚える必要はありませんが、この準動詞3つに共通することは重要です。
　文例があったほうが、イメージがわきやすいかもしれませんね。

▎確認しよう▏

　・I enjoyed **running** in the park.
　　　　　　　　　「私は公園で走るのを楽しみました」
　・I went to the park **to play** soccer.
　　　　　　　　　「私はサッカーをするために公園へ行きました」

英語の ツボ⑱

◆**準動詞の性質♪**
　①**自／他の性質を保ったまま、句を作る♪**
　②**句は、名詞・副詞・形容詞の働きをする♪**
　▶「句」とは時制を含まない2語以上の意味のまとまりのこと♪

　「自／他の性質を保ったまま」というのは、語形が変わっても、続く語句はそのままということです。

英語の ツボ⑲

◆動詞はどんな語形になっても、後ろに続く形は一定♪

　自のrunなら、runでもrunsでもranでもrunningでもto runでも後ろに〈前置詞＋名詞〉が続きます。

　他のplayなら、playsでもplayedでもplayingでもto playでも後ろに目的語の名詞が続きます。先ほどの文例も、そのようになっていますね。

　ただし、現在形や過去形と違うところが、running in the park、to play soccerまでが「意味のまとまり（＝句）」になることです。その句は必ず、名詞か副詞か形容詞になります。英語の構造は下の図のようになるのでした。

▶ **名詞・動詞・形容詞・副詞の関係**

　名　詞 ◀- - - - - - - - - - - - - - - - - 形容詞

　動　詞 ◀- - - - - - - - - - - - - - - - - 副　詞

| なくてはならないもの | 修飾（飾り・説明部分） |

　英文を作るときに必要な名詞・動詞に対して、それぞれの修飾語が形容詞・副詞と決まっていました。日本語的にいうと、体言と用言に対して、連体修飾語と連用修飾語があるのと同じことです。

　つまり、英文はこの4つの部品で成り立っているわけで、句は必ずここから動詞を除いた3つになるのです。これは英語を正しく理解するうえでは、ほんとうに重要なことですよ！　このことを意識しながら英文を作ると、英語の基礎ができ上がります。

　句（や節）で難しいところは、同じ形で名詞になったり、副詞や形容詞になったりすることでした。単語ならば、品詞が変わると語形が変わります。たとえば、形容詞goodは副詞になるとwellになります。easilyのように、形容詞easyの語尾に-lyをつけて副詞になるものも多いです。ですが、句（や節）はそうではないのです。

英語の ツボ⑳

◆句や節は、同じ形で一人3役（名詞・副詞・形容詞）をこなす♪

ですから、どの働きなのかを区別する必要が出てきます。名詞句か副詞句かは、文の動詞の性質（他／自）で決まります。

先ほどの例文では、enjoy が他だから、running から始まる句は名詞、go（went）は自だから、to play 以下の句は副詞ということです。

▶形容詞句（節）は別の視点が必要なので、3年生後半の分詞と関係代名詞のところで説明します➡ 第13節 以降。

・**I enjoyed running in the park.**
 S   V   O ＝名詞
     他だから ----┘
          「私は公園で走るのを楽しみました」

・**I went to the park to play soccer.**
 S   V   M   M ＝副詞
        自だから ----┘
             「私はサッカーをするために公園へ行きました」

副詞句（節）なら（　　）、名詞句（節）なら［　　］といったように、文字があるとついつい訳したくなる人は、句の中が見えないように封印してみるといいです。そうすると、英文全体が見渡せるようになります。それこそが文の動詞に目を向けるということです。このような根本的な考え方を持つことが、今後の英語の学習にとても大事ですよ！

英語の ツボ㉑

◆名詞句と副詞句の区別の仕方→文の動詞の性質（自／他）♪

> レッスン2 **動名詞**

動名詞は名前のとおり、名詞の働きをします。ただし、動詞の -ing 形というのであれば、名詞・形容詞・副詞の働きがあります。ここでは名詞の働きに限定して説明をしていきます。

それぞれの品詞がどの要素になるのか、もしくは修飾語になるのかにつ

いては、第1節で説明しました。それをよく思い出して、名詞は英文の何として使われるかわかりますか？

名詞は、主語と目的語になり、be 動詞と become の補語にもなります！

そのとおりです！　よく覚えていましたね。「名詞→Ｓ・Ｏ・Ｃ（ただし、be動詞とbecomeのみ）♪➡第1節 英語のツボ❺」ですね。「前置詞のあとは、名詞が１つ♪➡第2節 英語のツボ❼」だったことも思い出しておいてください。

また、名詞以外の品詞がどんな要素、修飾語になるか、「形容詞→Ｃ・副詞→Ｍ・〈前置詞＋名詞〉→Ｍ♪➡第1節 英語のツボ❺」も大丈夫ですか？

練習問題 ❶

次の英文にＳ・Ｖ・Ｏ・Ｃ・Ｍを書き入れ、日本語になおしなさい。

(1) My father likes learning something new.

(2) My father went to work without eating breakfast.

(3) My father's job is selling food from other countries.

(4) Taking regular exercise and eating well make us healthy.

解 答

(1) My father likes learning something new.
　　　　S　　　V　　　　　　O

　　私の父は、何か新しいことを学ぶのが好きです。

(2) My father went to work without eating breakfast.
　　　　S　　　V　　M　　　　　　M

　　私の父は、朝食を食べずに仕事に行きました。

(3) My father's job is selling food from other countries.
　　　　　S　　　　　V　　　　　　C

　　私の父の仕事は、外国産の食べ物を売ることです。

(4) Taking regular exercise and eating well makes us healthy.
　　　　　　　　　　　S　　　　　　　　　　　　V　　O　　C

　　定期的に運動しよい食事をすれば、健康になります。

(2) breakfast「朝食」 (3) job「仕事」／ sell「～を売る」 (4) regular exercise「定期的な運動」

解 説

(1)learningから句が始まります。 他likeのあとなので、目的語になります。

▶ somethingのように、some- / any- / no-などから始まる不定代名詞は、形容詞をそのあとに置いたことも思い出しましょう。

(2)eating breakfastが句です。これが前置詞withoutのあとの名詞ですね。withoutは「～なしで」という否定の意味の前置詞です。

(3)my father's job「私の父の仕事は」が主語なので、現在進行形の文ではありませんね。from other countriesの〈前置詞＋名詞〉は、副詞の働きをする以外に、直前の名詞を修飾できます。意味としてsellを修飾しているとは考えにくいので、直前の名詞を修飾していると考えましょう。

My father's job is selling food (from other countries).
　　S　　　　　V　　　　　　　C

(4)動詞は時制のある形のものを探すのでしたね。takingとeatingは-ingがついているから不適切なので、この文の動詞はmakeです。

英語のツボ㉒
◆V（時制）を見つければ、文の構造がわかる♪

英語のツボ㉓
◆文の構造がわかって初めて意味がわかる（日本語に訳せる）♪

makeの前が主語です。andは等位接続詞ですから、対等なものをつなぎます。2つの動名詞句をつないで、長い主語を作っています。healthyは形容詞ですから、makeは第5文型「OをCにする」ですよ！

▶2つの動名詞をandでつないでいる

《❶Taking regular exercise [and] ❷eating well》
    S
                     make us healthy.
                     V O C
現在形 →時制がわかるからV

(2)の問題の〈without＋動詞の -ing形〉のように、前置詞のあとによく動名詞を用いる熟語をいくつか紹介します。

◆〈前置詞＋動詞の -ing 形〉の主な熟語

look forward to ＋動詞の-ing形	～することを楽しみに待つ
How about ＋動詞の-ing形？	～するのはどうですか
Thank you for ＋動詞の-ing形．	～してくれてありがとう
be afraid of ＋動詞の-ing形	～することを恐れる
be fond of ＋動詞の-ing形	～することが好きである
be good at ＋動詞の-ing形	～することが得意だ

前置詞に続く動名詞の表現を少し練習しましょう。

■練習問題 ❷

次の日本語に合うように、(　　　)内の語句を並べ替えなさい。ただし、下線の語は必要があれば適当な形に変えること。

(1) 私をパーティーに招待してくれてありがとうございます。

(invite / thank / me / you / the party / for / to).

(2) 海に魚つりに行きませんか？

(fish / go / the sea / about / how / in)?

(3) 英語を話すときは、間違いを恐れてはいけません。

(make / speak / be / mistakes / afraid / you / don't / of / when)
English.

(1) Thank you for <u>inviting</u> me to the party.
(2) How about <u>going</u> <u>fishing</u> in the sea?
(3) Don't be afraid of <u>making</u> mistakes when you speak

語句 (3) mistake「間違い」

解 説

(1)〈**Thank you for＋動詞の-ing形.**〉を用います。**invite A to B**「AをBに招待する」は、inviteがどんな語形になってもそのままです。inviteは受動態でよく用いたので、それに慣れてinvitedと書きたくなる人が多いので、気をつけましょう。

(2)〈**How about＋動詞の-ing形 ?**〉を用います。〈**go＋動詞の-ing形**〉で「〜しに行く」という決まり文句ですから、-ing形が2つ続きます。「海に行く」わけですから、the seaの前の前置詞はtoなのでは、と思ってしまった人はいませんか？ fishは「魚つりをする」という⾃で、ここから句が始まります。fish in the sea「海で魚つりをする」でないとおかしいですね。fish to the seaだと、海に向かって魚つりをすることになってしまいますよ。

(3)〈**be afraid of＋動詞の-ing形**〉を**禁止の命令文**で用います。命令文は必ず動詞の原形を用いるので、beをそのまま続けます。「間違いをする」はmake mistakesです。これを動名詞にしてofのあとに続けます。「英語を話すとき」は、接続詞whenを用います。

英語の ツボ㉔
◆**従属接続詞は必ず〈接続詞＋S＋V…〉♪**

whenのあとに主語のyouが置けましたか？ そのあとのVは時制を表します。現在形のspeakを続けます。

レッスン3 不定詞

不定詞はまったく同じ形で、名詞・副詞・形容詞の働きをしましたね。簡単な文例でそれぞれの用法の確認をしておきましょう。

◆不定詞の3つの用法

確認しよう

名詞的用法
・I started to watch TV.　「私はテレビを見始めました」

副詞的用法
・I got home to watch TV.　「私はテレビを見るために帰宅しました」
・I was happy to watch TV.　「テレビを見て私はうれしかった」

形容詞的用法
・I have no time to watch TV.

　　　　　　　　　　　　「私にはテレビを見る時間がまったくありません」

初めに話したとおり、形容詞句についてはのちほど説明します ➡ 第13節 以降。不定詞に形容詞的用法があったことだけ思い出しておいてください。形容詞的用法については、次の文を英作文できれば現段階では十分です。

例題

私に何か冷たい飲みものをくれませんか。[Will, something を用いて]

解答

Will you give me something cold to drink?

解説

ここでは、名詞的用法と副詞的用法についてのみ話します。

名詞が英文のどこで使われるかは動名詞のときに確認したので、説明は省略します。ただ、**前置詞のあとの名詞として不定詞を用いることができない**ことは覚えておいてください。

副詞的用法は2種類ありました。「〜するために」と訳し、動作の目的を表す場合と、「〜して」と訳し、感情の原因を表す場合です。感情を表す形容詞はいくつか言えますか？　happy / glad / sad / surprised /

sorryくらいはすぐ言えるようにしておきましょう。これらの形容詞を見たら、後ろに不定詞がくるかも、という感覚が大事です。

　さっそく用法を区別する練習をしましょう。「名詞句と副詞句の区別の仕方→文の動詞の性質（自／他）♪→ 英語の ツボ㉑」ですよ。

練習問題

次の英文にS・V・O・C・Mを書き入れ、日本語になおしなさい。

(1) Santa Claus comes to bring presents to children.

(2) My father tried to open a new bakery in this town.

(3) People can use gestures to communicate with each other.

(4) I was surprised to hear the news.

(5) It is important to be kind to others.

解　答

(1) <u>Santa Claus</u> <u>comes</u> <u>to bring presents to children</u>.
　　　　S　　　　　V　　　　　　　　M

　サンタクロースは子どもたちにプレゼントを届けにやってきます。

(2) <u>My father</u> <u>tried</u> <u>to open a new bakery</u> in this town.
　　　　S　　　　V　　　　　　O

　父はこの町に新しいパン屋を開こうとしました。

(3) <u>People</u> <u>can use</u> <u>gestures</u> <u>to communicate with each other</u>.
　　　S　　　　V　　　　O　　　　　　　M

　人は、コミュニケーションを取り合うために、ジェスチャーを使うことができます。

(4) <u>I</u> <u>was</u> <u>surprised</u> <u>to hear the news</u>.
　　S　V　　　C　　　　　　M

　私はその知らせを聞いて驚きました。

(5) <u>It</u> <u>is</u> <u>important</u> <u>to be kind to others</u>.
　　S　V　　C　　　　　　S

　他人に親切にすることは大切です。

語句　(1) Santa Claus「サンタクロース」／ bring「～を持ってくる」 (2) bakery「パン屋」／ town「町」 (3) gesture「ジェスチャー」／ communicate「コミュニケーションを取る」 (5) important「重要な」／ others「ほかの人」

(1)bring A to B「AをBに持ってくる」が不定詞になって句を作っています。ここが「句（＝意味のかたまり）」で、1本の下線が引けますね。comeは圁なので、この不定詞は副詞の働きです。

(2)in this townはopenを修飾するのが自然なので、toからtownまでが句です。tryは他なので名詞句になりますね。

(3)each otherは「おたがい」という代名詞で、to以下が句です。useは他ですが、目的語のgesturesがあるので、そのあとは副詞ですね。副詞は動詞を修飾するものですが、日本語で訳して考えるのではなく、「be動詞と第2文型をとる一般動詞のあとは形容詞♪　その他多数の一般動詞のあとは副詞♪ ➡ 第1節　英語のツボ❻」を思い出してください。

(4)surprised「驚く」という感情の形容詞のあとの不定詞なので、そのあとは副詞ですね。この文に見覚えはありませんか？　受動態を学んだとき、be surprised at「～に驚く」という熟語を紹介しました ➡ 第5節 。よって、この文は受動態を用いて、I was surprised at the news. と書くこともできます。

(5)(4)と同じ文構造だと思ってはいけませんよ！　形容詞のあとの不定詞ですが、主語のitは形式主語で、to以下が本当の主語でしたね。ですから、この不定詞は名詞句です。不定詞主語の文はあまり好まれないので、形式主語のitを用いるのが一般的です。

To be kind to others **is** **important.**
　　　　S　　　　　　　　V　　　　C

It is important **to be kind to others**.
形式主語　　　　　　　　　　　真主語

「不定詞の名詞的用法」も「動名詞」も、どちらも名詞句になることは同じですが、違いもありましたね。

◆不定詞の名詞的用法と動名詞の違い

	不定詞の名詞的用法	動名詞
動詞の目的語	【未来志向】 want / would like 「〜を欲する」 hope「〜を望む」 decide「〜を決心する」	【過去志向】 enjoy「〜を楽しむ」 finish「〜を終える」 stop「〜をやめる」
前置詞の目的語	×不可	○可

不定詞は前置詞の目的語として用いることはできません。動名詞で表すことは、進行中もしくはすでにやったこと、不定詞で表すことは、これからすることです。この考え方を用いて、次の文を日本語にしてみましょう。

例題

次の英文を日本語になおしなさい。

(1) I'll never forget visiting New York last year.
(2) Remember to buy some milk tomorrow.

解答

(1) 私は去年ニューヨークを訪れたことを決して忘れないでしょう。
(2) 明日牛乳を買うのを覚えていなさい。

語句 (1) New York「ニューヨーク（都市名）」

解説

(1)なにか疑問に思うところはありますか？

> will を用いた未来の文なのに、last year があるのはおかしくないですか？

いいところに気づきましたね！ ですが、この文は正しいです。visiting から始まる句はどこまでですか？

なるほど、そういうことですね！ visiting New York last year までが句で、⑩forget の目的語になっている わけですね。

そのとおりです！

(2)この問題も、(1)と同様に考えてみてください。

to buy some milk tomorrow が句で、⑩remember の目的語になっているのですね。

すばらしいです！ まとめておきましょう。

forget＋動詞の-ing形	（すでに）〜したことを忘れる
forget＋to＋動詞の原形	（これから）〜するのを忘れる
remember＋動詞の-ing形	（すでに）〜したことを覚えている
remember＋to＋動詞の原形	（これから）〜するのを覚えている

次の 練習問題 で、不定詞と動名詞の使い分けを確認しておきましょう。

練習問題

次の英文の（　　）内から適当な語句を選びなさい。

(1) The students finished (to clean, cleaning) their classroom.
(2) I stopped (to see, seeing) these flowers because they were very beautiful.
(3) She decided (to study, studying) English hard every day.
(4) I (enjoy, hope) to work as a doctor.
(5) What would you like (to eat, eating) for lunch tomorrow?

(1) cleaning ／「生徒たちは教室をそうじし終えました」

(2) to see ／「とてもきれいだったので、これらの花を見るために立ち止まりました」

(3) to study ／「彼女は毎日英語を一生懸命勉強することを決心しました」

(4) hope ／「私は医師として働くことを望みます」

(5) to eat ／「あなた（たち）は明日昼食に何を召し上がりたいですか」

■ 語句　(3)　hard「一生懸命に」　(4) doctor「医者」

■ 解 説

　(1)finish「～を終える」は過去に向かう意味なので、目的語は動名詞をとります。

　(2)stoppedだからと、because以下を見ずに、機械的に動名詞にした人はいませんか？　動名詞をとるのは目的語の場合です。目のstopなら、副詞的用法の不定詞があとにきてもおかしくないですね。「とてもきれいだったので、これらの花を見るために立ち止まりました」という意味の文で、不定詞to seeが正解です。ひっかけのstopに気をつけてください！

　(3)decide「～を決心する」は未来に向かう意味なので、目的語は不定詞をとります。

　(4)hope「～を望む」は未来に向かう意味なので、目的語は不定詞をとります。

　(5)would likeは、このまとまりで現在形のwantの丁寧表現ですが、助動詞としてはwillの過去形のwouldを用いた表現です。疑問文を作るときはwouldだけが主語の前に出ます。

■ チャレンジ問題

次の日本語を英語になおしなさい。

(1) 母は何も言わずに家を出ていきました。

(2) あなたにまた会うのを楽しみに待っています。

(3) あなたの娘さんは、大人になったら何になりたいと思っているのですか。

■ 解 答

(1) My mother left home without saying anything.

(2) I'm looking forward to seeing you again.

(3) What does your daughter want to be when she grows up?

語句 (1) leave「〜を出発する」 (2) look forward to「〜を楽しみに待つ」 (3) grow up 「大人になる」

| 解 説 |

(1)骨組みの文My mother left homeは作れましたか？　問題は「何も言わずに」です。「〜せずに」は、**■2■ 練習問題 ❶**で紹介した前置詞のwithoutを使います。「言う」にあたる動詞はsayです。「言う」の使い分けは、大事なことなので復習しておきましょう。

◆「話す」タイプの動詞4語 (tell / say / speak / talk) の使い分け

この4つの動詞を覚えるとき、この順番を意識してください。**tell→say →speak→talkの順番**は、⑩から⑪への順番です。目的語を2つとる動詞、もっといえば**人を目的語にとれる動詞はtell**だけです。sayは「言った内容」が目的語です。それを" "やthat節で表します。人を目的語にとることはできません。speakは⑩のイメージが強いかもしれませんが、言語名を目的語にとるだけで、⑪talkとほぼ同じ使い方です。

この問題の「言う」は人を目的語にとらない⑩ということになるので、sayを選んでください。目的語はanythingです。withoutが否定語なので、否定文で用いるanythingを使います。not 〜 anyのイメージです。

(2)「〜を楽しみに待つ」はlook forward to 〜で表し、主に進行形で用います。この熟語で気をつけてほしいのは、このtoが不定詞ではなく前置詞であることです。不定詞のtoなら、あとは動詞の原形が続くはずです。前置詞のtoなので、動名詞が続くのです。不定詞だと勘<ruby>違<rt>かん</rt></ruby>いする人がとても多いので気をつけてください。

(3)**What does your daughter want to be when she grows up?**
が正解の文です。「大人になったら」を除いた部分を英語にしてみましょ
う。wantに続く不定詞to beの補語にあたる名詞がwhatになっています。

　2年生のとき、「あなたは将来何になりたいですか」「あなたは明日、ど
んなスポーツをしたいのですか」という英作文を学習しました。ポイント
は「将来」「明日」とあるけれど、現在形で書くことでしたね。in the
future / tomorrowを含めた部分が不定詞から始まる句でした。不定詞は
未来のことを表すから、このように、未来を表す副詞をともなうのですね。
「将来」「明日」のかわりに「大人になったら」という副詞節になっただけ
です。副詞節の中は未来のことを現在形で書きます。「えっ？」と不安に
なった人、副詞節については 第12節 で説明するのでご安心ください。

```
         (C)              (V)            (M)
What   do you want    to be what   in the future ?
         S    V          O
                              ▶ここ全体がwantの目的語

         (C)                   (V)          (M)
What   does your daughter want  to be what  when she grows up ?
         S                  V      O
                              ▶ここ全体がwantの目的語
```

M E M O

不定詞を用いた構文（1）

■■ イントロダクション ■■

☑ 〈It is … for A to ＋動詞の原形〉の文を作る ▎1

☑ 〈疑問詞＋ to ＋動詞の原形〉の文を作る ▎2

今回は、新しい内容です。不定詞を用いた表現を 第**9**節 まで学習します。

レッスン **1** 〈It is … for A to ＋動詞の原形〉の構文

不定詞が主語になる文は好まれないため、形式主語の it を用いて書くことは 第**6**節 でも復習しました。今回はそれに、不定詞の「意味上の主語」を加えた文を学びます。

▶ 〈It is … for A to ＋動詞の原形〉「Aが〜することは…である」

不定詞の意味上の主語＝ me

　　　　　　　　　(S)　　　　(V)　　　　　　(O)

・ It is easy for me to answer this question.
　形式主語　　　　　　　　真主語　　　　　「私がこの質問に答えることは簡単です」

不定詞は、名詞句・副詞句・形容詞句になることは前の節でも確認しましたが、動詞の1つの語形なので、「**不定詞で表す"動作や状態"はだれが行ったものか**」を明確にする必要が出てくる場合があります。この場合に、「**不定詞の意味上の主語**」を使った文で表します。

To answer this question is easy. を書き換えたIt is easy to answer this question. は、「この問題に答えることは簡単だ」という意味になりますが、不定詞の前にfor meを入れることによって、answer this questionという動作をするのは「私」であることがわかります。for me to answer this questionに、意味上の〈ＳＶＯ〉の関係があることを理解してください。

不定詞の意味上の主語は、普通〈**for A**〉の形で表し、**必ず不定詞の直前**に置きます。

英語の ツボ㉕

◆ 情報は S → V の順♪

　「動作（動詞）の左を見たら、だれの動作かわかるよね」というのが、英語の基本ルールです。不定詞は時制を持っていませんが、不定詞で書かれている動詞をVとしたとき、そのSやOがどこに書いてあるかがわかれば、不定詞をマスターできたことになります。

　〈It is … for A to ＋動詞の原形〉構文は、もともと不定詞が主語だった文なので、事柄について述べています。したがって、〈…〉に入る形容詞は、次のようなものになります。圧倒的に「難易」にあたる形容詞が、この構文で用いられます。

◆ 〈It is … for A to ＋動詞の原形〉で使われる主な形容詞

difficult	「難しい」
hard	「難しい」
easy	「簡単な」
impossible	「不可能な」
necessary	「必要な」
important	「大切な」

　そして、この構文をとるものの多くが、不定詞の意味上の目的語を主語にした文に書き換えることができることも知っておきましょう。

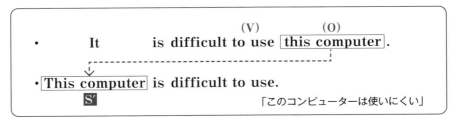

```
                                    (V)          (O)
・    It          is difficult to use this computer .
                                                  |
・ This computer is difficult to use.
     S'                        「このコンピューターは使いにくい」
```

練習問題

次の（　　）内の語句を並べ替え、意味の通る英文にしなさい。また、できた英文を日本語になおしなさい。

(1)(easy / read / her / this / is / for / it / to) book.

(2) (necessary / study / junior high school students / to / is / for / it) every day?

(3) (difficult / across / wasn't / him / swim / for / it / to) the river.

解答

(1) It is easy for her to read this ／彼女がこの本を読むことは、簡単です。

(2) Is it necessary for junior high school students to study ／中学生が、毎日勉強することは必要ですか。

(3) It wasn't difficult for him to swim across ／彼が川を泳いで渡ることは、難しくありませんでした。

語句 (3) across「〜を渡って」

解説

(1)不定詞の<u>意味上の主語</u>〈for A〉を不定詞の直前に置きます。for her to read this bookに〈SVO〉の関係があります。

(2)文末に「?」があるので、疑問文です。疑問文になっても**〈for A〉**を不定詞の直前に置くことは変わりません。for junior high school students to study every dayに〈SVM〉の関係があります。

(3)for him to swim across the riverに〈SVM〉の関係があります。

　この構文に関する英作文の問題で、日本語の主語に引きずられて、よくする間違いがあります。次の問題で確認しておきましょう。

例題

次の日本語を英語になおしなさい。
(1) 彼は早く起きる必要がありません。
(2) 彼はこの仕事をすることができません。
(3) 彼は彼女に会えてうれしかった。
(4) この本は読みやすい。

解答

(1) It isn't necessary for him to get up early. [He doesn't have to get up early.]

(2) It is impossible for him to do this job.[He can't do this job.]

(3) He was <u>happy</u> [glad] to see her.

(4) This book is easy to read.[It is easy to read this book. / We can read this book easily.]

解説

(1)

necessary は「必要な」という形容詞ですよね。「彼は …必要がない」のだから、He isn't necessary to get up early. ですか？

　まさしく、それがよくする間違いです。その間違いをしてはいけないということを説明したいのです。necessary は「事柄」について述べる形容詞ですよ。「彼は必要のない人間だ」と言っているのではなく、「早く起きること」が必要ない、と言っているのです。事柄を主語にして necessary を使ってください。It isn't necessary for him to get up early. が正解です。

そういうことですね。でも、たしか he を主語にして書くこともできた気がするのですが…。

　はい、そうですよ。He doesn't have to get up early. なら he を主語にできます。

(2)

これは、He can't do this job. ですが、なぜ今さらこんな作文を勉強するのですか？

　impossible を使って表してみてください。

そうか！ 「この仕事をする」ことが不可能なのですね。**He is impossible to do this job.** とすると、さっきと同じミスになります。It is impossible for him to do this job. ですね。

(3)

(1)から(3)まで「彼は」とありますが、これを不定詞の意味上の主語で書くことがポイントなのですね。そうすると、**It was happy for him to see her.** ですか？

　for him to see herに意味上の〈ＳＶＯ〉があり、一見正しいように見えますが…、〈It is … for A to ＋動詞の原形〉は、もともと不定詞が主語で、事柄について述べていましたね。でも、happyは人の感情ですから、事柄が主語だと使えませんよ。

どこかしっくりこなかったのは、そのせいですね。**happy** はあとに不定詞を置いて、感情の原因を表しました。これは素直に **he** を主語にすればよいのですね。He was happy to see her. ですね。

(4)

何を主語にして書いたらいいのか難しいです…。This book is easy to read. では、だめですか？

　いいですよ！　最後に説明したIt is easy to read this book. を、不定詞の意味上の目的語を主語にした文です。この文は、不定詞の意味上の主語がないため、このように書くこともできますね。We can read this book easily. 副詞のeasilyで動詞を修飾しますので、間違えないようにしてください。

レッスン**2** 〈疑問詞＋ to ＋動詞の原形〉の構文

不定詞の前に what / when / where などの疑問詞を置くと、「疑問詞の意味＋〜すべきか；〜したらよいか」という意味の、**名詞の働き**になります。

◆ 〈疑問詞＋ to ＋動詞の原形〉

疑問詞	〈疑問詞＋ to ＋動詞の原形〉の例	意味
what	what to do	「何をすべきか」
which	which to eat	「どちらを食べるべきか」
when	when to start	「いつ始めるべきか」
where	where to go	「どこへ行くべきか」
how	how to study English	「英語の勉強の仕方［英語をどのように勉強したらよいのか］」

疑問詞が前につくと、名詞の働きしかできません。名詞なので、主語や補語にもなります。ただし、高校入試では<u>know の目的語や第4文型（S V O O）</u>を作る動詞の目的語として、〈tell [show / teach / ask] ＋人＋〈疑問詞＋ to ＋動詞の原形〜〉〉で用いられる場合がほとんどです。

確認しよう

・I asked him what to do next.

「次に何をすべきか私は彼にたずねました」

・I don't know when to start.

「いつ出発すべきかがわかりません」

・Please tell me where to go.

「どこへ行ったらよいのか私に教えてください」

ところで、第2節で話した疑問詞の説明を覚えていますか？

「疑問詞という品詞はありません。どの品詞をたずねているか、必ず考えましょう♪ ➡ 第2節 **英語の ツボ⑨**」と「名詞をたずねる疑問詞（疑問代名詞）は3つ♪ what / who / which ／副詞をたずねる疑問詞（疑問副

詞）は4つ♪ when / where / why / how ➡ 第2節 英語の ツボ⑩」の
ことです。

　p.95の表の what to do / which to eat は〈疑問代名詞＋ to ＋動詞の
原形〉、when to start / where to go / how to study ～は〈疑問副詞
＋ to ＋動詞の原形〉ということになります。

　疑問代名詞で大事なことは、あとに名詞が欠けているということです。こ
れはとても大事ですよ。この感覚がしっかりあれば、あとで学ぶ関係代名
詞がさっとわかります ➡ 第13節 。

英語の ツボ㉖
◆疑問代名詞のあとは名詞が1つ欠けている♪

　what to do の文 I asked him what to do next. は、疑問代名詞の
what を使ったから、他の do のあとに名詞がありません。疑問代名詞を使
うときは、この感覚が大事です。改めて頭に入れておいてください。

◆疑問形容詞を使った場合
　さて、これらを踏まえて、疑問形容詞を使った場合は疑問詞単独ではな
く、〈 疑問形容詞 ＋名詞＋ to ＋動詞の原形〉の形で使います。
　一般的には、疑問形容詞は what と which の2つですが、who を所有格
にした whose も名詞を修飾できるので、疑問代名詞と同じと覚えてし
まっても問題ありません。

英語の ツボ㉗
◆名詞を修飾する疑問詞（疑問形容詞）は3つ。
what / whose / which ♪

◆〈疑問形容詞＋名詞＋ to ＋動詞の原形〉

〈what ＋名詞＋ to ＋動詞の原形〉	「どんな［何の］…を［に］〜したらよいか」 例 I don't know what book to read. 「どんな本を読んだらよいのか知りません」
〈which ＋名詞＋ to ＋動詞の原形〉	「どちらの［どの］…を［に］〜したらよいか」 例 Do you know which room to use? 「どちらの部屋を使えばよいか知っていますか」

▎練習問題

次の日本語に合うように、（　　　）内の語句を並べ替えなさい。ただし、不足する1語を補うこと。

(1) 私はこの箱の開け方を知っています。

I (this box / open / know / to).

(2) だれもどうしたらよいのかわかりませんでした。

(knew / no / do / one / to).

(3) どちらのバスに乗ったらよいのか教えてくれませんか。

Will you (bus / take / tell / me / to)?

▎解 答

(1) know how to open this box　不足語＝ how

(2) No one knew what to do　不足語＝ what

(3) tell me which bus to take　不足語＝ which

語句　(2) no one　～「だれも～ない」

▎解 説

(1) know の目的語が「この箱の開け方」です。「～の仕方」というのは「方法」ですから、方法をたずねる**疑問副詞 how**を補います。

(2)「わからなかった」と否定文なのに、動詞は knew なのでとまどった人もいると思います。この文は no one が主語です。この one は「人」の意味なので、no one は「ゼロ人の人」になり、「ゼロ人の人が知っていた」→「だれも知らなかった」という意味になります。no one knew という表現を覚えておきましょう。

knew の目的語が「どうしたらよいか」です。「する」は do だとすぐにわかったと思いますが、「どう」はどの疑問詞を用いるかわかりますか？do は 他 です。その目的語をたずねるわけですから、**疑問代名詞**でないといけません。「どうしたらよいか」という日本語が **what to do** です。「この湖をどう言いますか」という英作文の **例題** でもやりましたね → **第2節** 。「どう」だから how と考えてはいけませんよ。

(3) **疑問形容詞**を使う文です。「どちら」は which なので、which to take bus と間違える人がいます。この which は疑問代名詞です。疑問代名詞は

「疑問代名詞のあとは名詞が１つ欠けている♪ ➡ 英語の ツボ㉖」を思い出してください。busに冠詞がついていないこともおかしいのですが、疑問代名詞を使っているのに、takeのあとに名詞があります。名詞は欠けていなければならないのにおかしいですね。では、どうすればいいのか？　そういうとき、疑問代名詞を疑問形容詞として使えばよいのです。日本語も「どちらのバス」と言っていますよ。

不定詞を用いた構文（2）

■■ イントロダクション ■■

- ☑ 〈V＋O＋(to＋)動詞の原形〉の文を作る ▶1
- ☑ 直接話法と間接話法の違いを知る ▶2
- ☑ 直接話法と間接話法の書き換えをする ▶2

今回も、前回の続きで不定詞を用いた表現について学びます。

レッスン1 〈V＋O＋to＋動詞の原形〉／〈V＋O＋動詞の原形〉の構文

今回学ぶのは「不定詞を用いた構文」というより、動詞のあとに続く形の新バージョンと言ったほうがよいかもしれません。

目的語のあとの〈to＋動詞の原形〉（＝to不定詞）までをセットで考える〈V＋O＋to＋動詞の原形〉、目的語のあとのtoのない動詞の原形（＝原形不定詞）までをセットで考える〈V＋O＋動詞の原形〉があります。それにあたる動詞を（3＋2＝）5個覚えましょう。

tell	＋O＋ to ＋ 動詞の原形	Oに〜するように言う
ask	＋O＋ to ＋ 動詞の原形	Oに〜するように頼む
want	＋O＋ to ＋ 動詞の原形	Oに〜してもらいたい
make	＋O＋　　　動詞の原形	Oに〜させる〔強制〕
let	＋O＋　　　動詞の原形	Oに〜させる〔許可〕

確認しよう

・My mother asked me to wash the dishes.

「母は私に皿を洗うよう頼みました」

・I want you to play the piano for me.

「私のためにあなたにピアノをひいてもらいたい」

・My father made me do the job.

「父は私にその仕事をさせました」

・My parents let me go abroad alone.

「両親は私にひとりで外国に行かせてくれました」

どちらの構文にも共通することは、<u>目的語</u>と<u>動詞の原形</u>に<u>〈S＋V〉関係がある</u>ということです。つまりto不定詞であろうと原形不定詞であろうと、<u>その前の目的語が不定詞の意味上の主語</u>になります。

> あれ、第7節では、不定詞の意味上の主語は〈for A〉で表すという話ではありませんでしたか？

　〈It is … for A to＋動詞の原形〉の文のときは〈for A〉が主語でしたね。ただし、〈V＋O＋to＋動詞の原形〉、〈V＋O＋動詞の原形〉で使われる動詞はどれも⑩なので、<u>その目的語が自動的に不定詞の意味上の主語</u>になっています。

◆ to不定詞と原形不定詞の使い分け

　to不定詞と原形不定詞を、どのように使い分けるのかについて説明します。

　to不定詞が続くほうの動詞を「<ruby>行動促進動詞<rt>こうどうそくしんどうし</rt></ruby>」といいます。まさに、「頼む」や「言う」ことによって、不定詞で書かれている行動を促しているわけです。今回は先ほど3つ覚えてもらいましたが、実はこれ以外にもかなりたくさんあるので、行動促進動詞を見つけたら、どんどん覚えていきましょう。そして、必ず、<u>目的語</u>と<u>不定詞</u>の<u>〈S＋V〉</u>関係を確認してください。

　原形不定詞が続くほうの動詞を「<ruby>使役動詞<rt>しえきどうし</rt></ruby>」といいます。「使役」というのは、「～させる」ということですが、「～させる」という意味を持つ動詞はいくつもあります。「使役動詞」と呼ばれているのはmakeとletとあとは高校に入学してから使い方を習うhaveです。この3つについては原形不定詞を用います。makeはもともと「作る」の意味がありますから、「強制的に何かをさせる」場合に用います。letは「許す」という意味があるので、「許可してあげる」場合に用います。

練習問題

次の（　　）内の語句を並べ替え、意味の通る英文にしなさい。また、できた英文を日本語になおしなさい。

(1) Do you (leave / want / a message / to)?

(2) Do you (take / want / a message / to / me)?

(3) (him / his mother / study / tells / to / harder).

(4) (me / my father / drive / didn't / let / a car).

(5) (my son / I / go / made / to / the hospital).

解答

(1) Do you want to leave a message? ／あなたは伝言を残したいですか。

(2) Do you want me to take a message? ／あなたは私に伝言を受け取ってもらいたいと思っていますか。

(3) His mother tells him to study harder. ／彼のお母さんは彼にもっと一生懸命勉強しなさいと言います。

(4) My father didn't let me drive a car. ／父は私に車を運転させてくれませんでした。

(5) I made my son go to the hospital. ／私は息子に、病院に行かせました。

語句 (1) message「伝言」 (5) hospital「病院」

解説

(1) 今回紹介した〈want＋O＋to＋動詞の原形〉の文ではなく、〈**want to＋動詞の原形**〉の文です。今回学んだ文との違いを確認できましたか？

(2) 〈want＋O＋to＋動詞の原形〉の文です。me to take a message に〈ＳＶＯ〉の関係があります。**Do you want me to ～ ?「あなたは私に～してほしいですか」**は、2年生で学んだ**Shall I ～ ?** と同じ意味になります。shallは相手の意向をたずねる助動詞でしたから、まさに、「私に～してもらいたいですか」という意味です。この問題文だと、Shall I take a message? と言い換え可能です。

(3) 〈**tell＋O＋to＋動詞の原形**〉の文です。tellsが現在形なので、主語his motherの動詞になります。him to study harder に〈ＳＶＭ〉の関係があります。

(4) 使役動詞の〈**let＋O＋動詞の原形**〉の文です。me drive a car に〈ＳＶＯ〉の関係があります。

(5) madeが過去形なので、これが主語Iに対する動詞です。〈**make＋O＋動詞の原形**〉の文で、my son go to the hospital に〈ＳＶＭ〉の関係があります。

レッスン**2** 直接話法と間接話法

人が言ったことを" "（引用符）を使って伝える方法を<u>直接話法</u>、人が言ったことを話し手の言葉に直して伝える方法を<u>間接話法</u>といいます。toldやaskを用いた文は、直接話法の命令文を書き換えたものです。

◆直接話法と間接話法

▶直接話法	▶間接話法
〈"依頼の命令文," A said to B.〉	= 〈A asked B to ＋動詞の原形.〉
〈"普通の命令文," A said to B.〉	= 〈A told B to ＋動詞の原形.〉

「言う」の意味の動詞の使い分けは、第**6**節で紹介しましたが、sayの文で大事なことは、**sayの<u>目的語</u>は、実際に話した内容、つまり" "の内容**です。間接話法では" "がなくなるのですから、もうsayの出番はありません。なので、sayが他の動詞に変わるのです。

そこで登場するのがtellとaskです。この2つの動詞の共通点は、どちらも人を目的語にとるということです。「<u>直接話法で使うのがsay、間接話法で使うのがtellとask</u>」と理解してください。

1年生で学習した命令文で使う動詞の語形は、<u>原形</u>でした。「原形を用いる不定詞」で命令文の内容を表現するんだな、と思ってくださいね。

直接話法を間接話法に書き換えるときには、" "内の人称に注意が必要です。次の問題を解きながら説明していきます。

例題

次の各組の英文がほぼ同じ内容になるように、（ ）内に適当な語を書きなさい。

(1) "Please help me with my homework," he said to me.

He （　　　） me to help （　　　） with （　　　） homework.

(2) "Don't open your eyes," he said to me.

He （　　　） me （　　　）（　　　） open （　　　） eyes.

解答

(1) asked, him, his ／「彼は私に宿題を手伝ってほしいと頼みました」

(2) told, not to, my ／「彼は私に目を開けるなと言いました」

解説

(1)直接話法から間接話法に書き換える問題です。

> He asked me to help me with my homework. ですか？　でも、なにかおかしい気もします…。

どうしてそのように思うのですか？

> me と to help に〈S V〉関係があるのですが、help の目的語も me なのは変ですよね。

　そうですね。" 　 " がなくなるわけですから、その中の人称代名詞を話し手の立場で言い直さないといけません。一人称は、話す人のことでしたね。"Please help me with my homework," を話しているのはだれですか？

> 「彼」です。he said to me とあるので。

　そうですね。ですから、「彼」の目的格や所有格に変えないといけない、ということですよ。

同一人物

"Please help me with my homework," he said to me.

(S)　　　(V)　(O)　　　　　(M)

→He asked me to help him with his homework.

---

(2) 今度は " " の中に二人称がある文です。

> 二人称は話を聞く人なので、この問題では he said to me の me と同一人物です。普通の命令文なので、動詞が said から told になるのはわかりますが、禁止を表す don't はどう書き換えればいいのですか？

不定詞（to open my eyes）の内容を否定することになりますね。「目を開けてはいけない」のですから。**不定詞の否定形**は〈not to ＋動詞の原形〉の形で表します。

同一人物

"Don't open your eyes," he said to me.

(S)　　　　　(V)　　　(O)

→He told me not to open my eyes.

では、仕上げの問題を解いていきましょう。

チャレンジ問題

次の日本語に合うように、( ) 内の語句を並べ替えなさい。ただし、1語不要の場合があります。

(1) あなたはどんな本を読んだらいいのか知りたいですか。

(book / read / want / what / you / do / know / to / to)?

(2) あなたは私にどんな本を読んでもらいたいのですか。

(book / read / want / what / to / you / do / me)?

(3) 私は彼に、窓を閉めてくれと言われました。

I (him / close / told / said / by / was / to) the windows. [1語不要]

(4) あなたの名前を教えてください。

Let (your name / me / tell / know). [1語不要]

(5) どうして彼はここに来たのですか。

(why / him / here / come / made / what)? [1語不要]

(1) Do you want to know what book to read?

(2) What book do you want me to read?

(3) was told by him to close　不要語＝ said

(4) me know your name　不要語＝ tell

(5) What made him come here　不要語＝ why

解 説

　(1)「あなたは～を知りたいですか」なので、Do you want to know ～? で文を始めます。そのknowの目的語が「どんな本を読んだらよいか」なので、**第7節**で学んだ〈疑問詞＋to＋動詞の原形〉を用います。「どんな本」は、**第7節** **2** **練習問題**でやった「どちらのバスに乗ったらよいか」の文と同様なので、疑問形容詞を使います。名詞を入れて〈疑問形容詞＋名詞＋to＋動詞の原形〉の形で表すのでしたね。疑問文のとき、「疑問詞はいつも文頭！」と思ってwhat bookから書き始めたら、大変なことになります。疑問詞も文中で使うことをしっかり覚えてくださいね！そして必ず〈S→V〉の順に考えましょう。「情報は S→V の順♪ ➡**第7節** **英語の** **ツボ㉔**」ですよ。

　(2)「あなたは私に読んでもらいたいですか」の部分は、〈want＋O＋to＋動詞の原形〉を用い、Do you want me to readで文を始めます。readの目的語が「どんな本」です。(1)と(2)の疑問文の違いはYes／Noで答えられるかどうかです。(1)は「はい、知りたいです」と答えられるけれど、(2)は「はい、してもらいたいです」と答えられないので、疑問詞を文頭に出します。

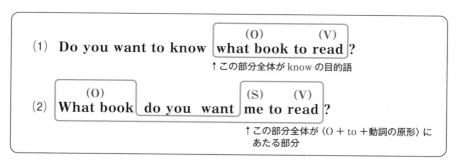

（3）「私は言われました」なので受動態の文です。「受動態の文を書くために、まず能動態の文を書いてみる♪➡ 第5節 英語の ツボ⑰」ですから、He told me to close the windows. という能動態の文を書きます。これを受動態に書き換えます。不要語はsaidでした。「話す」タイプの動詞4語（tell / say / speak / talk）の使い分けは本当に大事です。あやふやな人はしっかり復習してください➡ 第6節 。

（4）文頭のletさえなければ、Tell me your name. で済むのに、と思った人がいると思います。この文を使役動詞letの命令文で書き換えればいいのですよ。Let me （　　）your name. ここに入るのはtellか、knowかの判断が必要です。me （　　）your nameに〈ＳＶＯ〉の関係が成り立たないといけないので、knowを選びます。「教える」なのに使う動詞が「知る」なのです。日本語の「教える」は相手がする行為です。でも、let meのあとは「私」がする行為を考えないといけないわけです。meがあとの動詞の意味上の主語ですから。Let me know your name. という文にします。

▶ 〈Let's＋動詞の原形〉は、この使役動詞のletを用いたものです。Let's go. はLet us go. usとgoに〈ＳＶ〉関係があります。「みんなを行かせてください」→「みんなで行こう」になったものです。

（5）「どうして」だからwhyを使う、と決めつけてはいけなかったのですよね。 第2節 ▌ 2 例題 で「なぜ彼は怒ったのですか」を、makeを使って作文する問題で学びました。今回の問題も「彼は」なのに、与えられているのはhimなので、これはmadeの目的語になり、そのあとに原形不定詞を続けます。made him come hereとなり、あとは主語を補います。主語は必ず名詞なので、疑問代名詞を用いて、What made him come here? という文にします。

him come here に〈ＳＶＭ〉の関係がありますね。Why did he come here? と比べるとよくわかります。

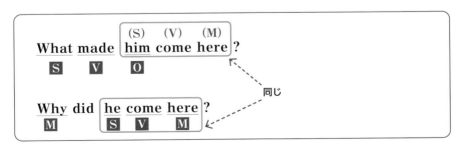

■■ イントロダクション ■■

☑ 副詞の働きを知る ▶ 1

☑ 〈too ～ to ＋動詞の原形〉の文を作る ▶ 2

☑ 〈～ enough to ＋動詞の原形〉の文を作る ▶ 2

☑ 〈so ～ that S ＋V…〉の文を作る ▶ 3

不定詞を用いた表現の最後の学習です。

> レッスン1 **副詞の働き**

今回の構文は「副詞」が中心になっているので、まずは副詞の働きを簡単に復習しましょう。

◆副詞の働き

働き	文中の位置	例
動詞を修飾	文頭・文末・notの位置	well「じょうずに」 hard「一生懸命に」など
形容詞や副詞を修飾	形容詞・副詞の前	very「とても」 as「同じくらい」など

動詞を修飾する副詞は、いつもＭと表記しているものです。そしてこれまで、副詞句としての〈前置詞＋名詞〉や不定詞、副詞節〈接続詞＋S＋V…〉も学んできました。

確認しよう

I use this dictionary ｜ freely. 〔副詞〕
S　V　　O ｜ 「自由に」

「私はこの辞書を使います」 ｜ to study English. 〔副詞句〕
｜ 「英語を勉強するために」

｜ because it is easy to carry. 〔副詞節〕
｜ 「運びやすいので」

もう１つの副詞の働きは、**very** や比較で用いた **as** に代表されるもので、前から形容詞や副詞を修飾するものです。

・This book is **very** difficult.　　「この本はとても難しい」
・That book is **as** easy as this one.
　　　　　↑前の as が副詞です

「あの本はこの本と同じくらい簡単です」

> レッスン**2**　〈too ～ to＋動詞の原形〉の構文／〈～ enough to＋動詞の原形〉の構文

▶ 〈too ～ to ＋動詞の原形〉　　「…するにはあまりにも～」
　　　　　　　　　　　　　　　→「あまりにも～なので…できない」
　例　I was too tired to work.　「私は働くにはあまりにも疲れていました」

▶ 〈～ enough to ＋動詞の原形〉　　「…するのに足りるだけ～」
　　　　　　　　　　　　　　　　→「（とても）～なので…できる［する］」
　例 He is rich enough to buy that car.
　　　　　　　「彼はあの車を買うのに足りるだけお金があります」

この **too**（あまりにも）や **enough**（ちょうどよいくらい）は、形容詞・副詞を修飾する副詞です。注意してもらいたいのは、**enough** は例外的に後ろから前の形容詞・副詞を修飾するということです。
　不定詞の前に、意味上の主語を〈for A〉の形でつけることもできます。

・This book is **too** difficult **for** me **to** read.
　　　　「この本はあまりにも難しいので、私には読むことができません」
・That book is easy **enough for** me **to** read.
　　　　「あの本は私が読めるくらいの難易度です」

これらの文でわかってもらいたいのは、不定詞の意味上の目的語が文の

第**9**節　不定詞を用いた構文〈3〉

第**10**節　比較

第**11**節　名詞節と時制の一致

第**12**節　副詞節・名詞節と副詞・名詞のまとめ

<u>主語になっていること</u>です。以下のように説明できます。

◆ 〈too 〜 to ＋動詞の原形〉の文

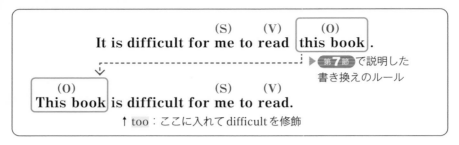

◆ 〈〜 enough to ＋動詞の原形〉の文

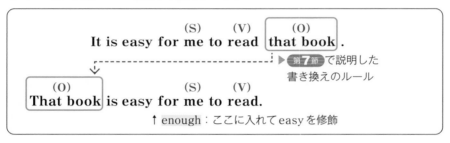

練習問題

次の（　　）内の語句を並べ替え、意味の通る英文にしなさい。また、できた英文を日本語になおしなさい。

(1) My father (to / too / go out / was / busy).

(2) This jacket (to / too / for / small / me / wear / is).

(3) She (enough / to / for / us / slowly / understand / speaks).

解 答

(1) My father was too busy to go out. ／父は外出するには、あまりにも忙しかった。

(2) This jacket is too small for me to wear. ／このジャケットは私が着るにはあまりにも小さい。

(3) She speaks slowly enough for us to understand. ／彼女は、私たちが理解できるくらいのゆっくりさで話してくれます。

語句 (1) go out「外出する」 (2) jacket「ジャケット」 (3) slowly「ゆっくり」

解説

(1)my fatherに対する動詞がwas、その補語にあたる形容詞busyを前からtooで修飾し、後ろに不定詞を置きます。

(2)this jacketに対する動詞がis、その補語にあたる形容詞smallを前からtooで修飾し、後ろに不定詞を置きます。不定詞の意味上の主語for meは、不定詞の直前に置きますよ！「情報は S → V の順♪ ⇒ **第7節** **英語の ツボ㉕**」です。this jacket / me / wearの関係を確認しましょう。

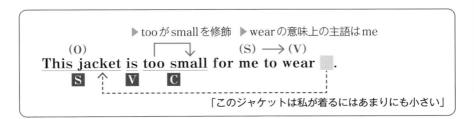

(3)sheに対する動詞は、三人称単数現在の-sがついているspeaksです。speakを修飾する副詞slowlyを後ろからenoughで修飾し、あとに不定詞を置きます。不定詞の意味上の主語for usは、不定詞の直前です。〈～enough to ＋動詞の原形〉は、enoughとtoがくっついているイメージが強いようで、〈for A〉を文末に置いてしまう人が多いです。入れる位置を間違えないように気をつけましょう。she / us / understandの関係を確認してくださいね。

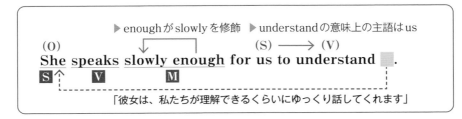

▶〈so 〜 that S + V…〉「SがVするほど〜」

　　　　　　　　　→「とても〜なのでSはVする」

例 I was so surprised that I didn't know what to say.

「私は何て言っていいのかわからないほど驚きました」

〈so 〜 that S + V…〉のsoの品詞は何でしょうか？

> 形容詞 surprised の前にありますよね。very と同じ位置だから、形容詞や副詞を前から修飾する副詞ですか？

そのとおりです！　「そんなに」という程度を表す副詞です。

thatは、後ろに〈S + V…〉が続いているので接続詞であることはわかると思いますが、2年生で学んだ接続詞thatとは少し違うと思いませんか？　2年生のときに学んだthatは、I know that he is from Canada. のように、他動詞の目的語になるもの、つまり名詞節を作る接続詞でした。でも、今回はsurprisedのあとにthatがあります。

> 　surprised といえば感情の形容詞で、不定詞が続くと感情の原因を表し、この不定詞は副詞的用法でした。I was surprised. は〈SVC〉なので、そのあとはもう副詞しか置けません…。

そうです、このthat節は副詞節です！　「句や節は、同じ形で一人3役（名詞・副詞・形容詞）をこなす♪ ➡ 第6節　英語のツボ⑳」と、前にも言いましたね。

副詞節だとわかることが大事です。名詞と副詞の区別は 第6節 で話しました。句でも節でも考え方はまったく同じです。

なぜ、ここでこの表現を紹介したかというと、この表現を用いて、〈too 〜 to +動詞の原形〉と〈〜 enough to +動詞の原形〉を書き換えるこ

とができるからです。

◆〈so 〜 that S + V…〉への書き換え

> **too 〜 to +動詞の原形 → so 〜 that S can't V…**
> **〜 enough to +動詞の原形 → so 〜 that S can V…**

意味を考えると、〈too 〜 to +動詞の原形〉のほうが can't を用いて、〈〜 enough to +動詞の原形〉のほうが can を用いることはわかると思います。

p.109 2 の例文を書き換えてみます。

確認しよう

I was **too** tired **to** work.
→ I was **so** tired **that** I **couldn't** work.
He is rich **enough to** buy that car.
→ He is **so** rich **that** he **can** buy that car.

不定詞の意味上の主語がない例文ですから、不定詞の意味上の主語は文の主語と同じです。ですから、接続詞 that のあとの主語は文の主語と同じです。では、不定詞の意味上の主語が入っているほうの文例を **例題** にしてみますよ。

例題

次の各組の英文がほぼ同じ内容になるように、（　　）内に適当な語を書きなさい。

(1) This book is too difficult for me to read.
This book is (　　) difficult that (　　)(　　) read (　　).
(2) That book is so easy that I can read it.
That book is (　　)(　　) for (　　)(　　) read.

解 答

(1) so, I can't, it ／「この本は私が読むことができないほど、難しいです」
(2) easy enough, me to ／「あの本は私が読めるくらいの難易度です」

(1)thatがあるので、difficultを修飾する副詞がtooからsoになります。thatは接続詞なのであとは〈S＋V〉です。

for me to read の〈S＋V〉関係を、主格のIとread にし、can'tを用いますよね。read のあとに（　　　）があ りますがどうしてですか？　上の文はread で終わってい ますよ。

それを説明するために、実ははじめから手がかりを残していました。上の文のreadは、他ですか自ですか？

あとに何もありませんが、この read は他で、目的語は 主語の this book です。

そのとおりです。では次に、〈so ～ that S＋V…〉のthat節は名詞節 でしたか、それとも副詞節でしたか？

副詞節です。

そうですね。今までの副詞節の文を思い出してください。whenやifや becauseなどを使った文です。これらの接続詞に続く文の中で、他のあ との目的語がなくてもよい文がありましたか？

たとえば、I was surprised when I read this book. 「この本を読んだとき、私は驚きました」で考えると、 read の目的語は書いてあります。

そうです。副詞節は完全な文（必要な名詞がちゃんとあるということ）が続きます。ですので、readの目的語がitという代名詞で復活します。

(2)今度は〈so ～ that S＋V…〉の文を、不定詞を用いて書き換える問題です。can readなので、**enough**を用います。enoughは後ろから形容詞や副詞を修飾するので、語順に注意ですよ！　不定詞の意味上の主語は〈for A〉で表すので、主格のIを目的格のmeにしてforのあとに置きます。不定詞の意味上の目的語（that book）が主語に移動しているので、to readのあとには何も置きませんが、副詞節を用いた1文目は、readの目的語がちゃんと書いてあります。

〈too ～ to＋動詞の原形／～ enough to＋動詞の原形〉と〈so ～ that S＋V…〉についていえば、tooとenough／soと一緒に用いる相手を間違えないでくださいね。tooとenoughは必ず不定詞と一緒に用います。soは接続詞thatと一緒に用います。相手を間違えないこと！

では最後に、〈too ～ to＋動詞の原形／～ enough to＋動詞の原形〉でやっておきたい作文に、1つずつ挑戦しましょう。また、1つ和訳にも挑戦してもらいます。

チャレンジ問題

次の文を、〈too ～ to＋動詞の原形〉もしくは〈～ enough to＋動詞の原形〉を用いて、英語になおしなさい。
(1)彼女は親切にも私の荷物を運んでくれました。
(2)彼女はあまりにも驚いて、何も言うことができませんでした。

解　答

(1) She was kind enough to carry my baggage.
(2) She was too surprised to say anything.

語句　(1) baggage 「荷物」

(1)は「やってくれたこと」、(2)は「できなかったこと」を表す文なので、(1)は〈～ enough to＋動詞の原形〉、(2)は〈too ～ to＋動詞の原形〉を用います。

(1)enoughで修飾できる語は、形容詞のkindなので、正解はShe was kind enough to carry my baggage. です。

〈be kind enough to＋動詞の原形〉は「親切にも…してくれる」と訳すことが多いです。簡単にShe kindly carried my baggage. と表すこともできます。使用する表現の指定がなければ、〈so ～ that S＋V…〉を用いてShe was so kind that she carried my baggage. とも表せます。

(2)tooで修飾できる語は形容詞のsurprisedです。She was too surprised to まではわかりますね。

> たぶん次は say だと思いますが、「言う」ではいつもひっかけられますし、**第6節**の「母は何も言わずに家を出ていきました」のことも頭をよぎりました。

はい、sayで合っています。人を目的語にとらない他ですね。sayの目的語がどうなるかは、〈so ～ that S＋V…〉で表してみたらわかりますよ。

> She was so surprised that she couldn't say anything. ですね。否定文で any を使うから「何も～ない」という全否定になります。

それをもとにして、tooを用いて書き換えればどうなりますか？

She was too surprised to say anything. です。でも、この文にはどこにも**not**がありませんよ？

　正しいですよ。notがなくても、〈too 〜 to＋動詞の原形〉は否定の意味になるので、否定文扱いです。この**anything**が書けるかどうかがポイントでした。 **第6節** の **チャレンジ問題** の(1)の答えの文My mother left home without saying anything.も、withoutが否定語なので、anythingを用いましたね。

　さて、最後の問題を解いたら、この節の学習は終わりです。

｜チャレンジ問題｜

次の英語のことわざを日本語に訳してみましょう。

　You are never too old to learn.

｜解 答｜

　何歳になっても学べる。

｜解 説｜

　この出題の意図は次のとおりです。

　〈too 〜 to＋動詞の原形〉は「とても〜なので…できない」、〈〜 enough to＋動詞の原形〉は「(とても)〜なので…できる」、〈so 〜 that S＋V…〉は「とても〜なのでSV」といきなり解説している場合も多く、この訳を何の疑問も感じずに覚えている人も多いように思います。

　今まで、文中に副詞句や副詞節があるとき、必ず副詞句・副詞節から訳し、主節の動詞が日本語の述語になりました。これらの構文を「とても〜」で訳し始めるということは、副詞句・副詞節で使っている動詞が日本語の述語になるということです。ですので、とても特別な訳し方なのですよ、ということをわかってもらいたいので、意図的に副詞句・副詞節から訳すようにしています。

　例文をあげると、I was too tired to work. を「私は働くにはあまりにも疲れていました」と訳すと、「疲れていました」が述語なので、英語のVを訳していることになります。ですが、「私はとても疲れていたので、働

くことができませんでした」と訳すと、不定詞の部分が日本語の述語になってしまいますね。

　「とても～」パターンは、否定文の訳に弱いです。You are never too old. だけを見て、とても年をとっているのか、とっていないのかで迷ってしまいます。副詞から訳すようにしておくといつでもわかりますよ。「学ぶのに年をとりすぎているということは決してない」、つまり、「何歳になっても学べる」ということです。

　このneverは too old to learn全体を否定しています。never too old で切れていると思うと、年をとっているのかとっていないのかがわからなくなるのです。うまく、「（年をとりすぎて学べない）ということはない」と訳せればかまいません。「否定」は、すごく難しいのです。

You are never too old to learn.

▶この部分全体の意味をneverで否定している

MEMO

☑ 3つの比較の表現方法を用いた文を作る ▶1

☑ 原級を用いた表現（「倍数表現」・「できるだけ〜」）を用いた文を作る ▶2

☑ 比較級を用いた表現（「差」の表現・「AとBでは、どちらがより〜ですか」・「ますます〜；どんどん〜」）を用いた文を作る ▶3

☑ 比較級を表す原級表現の文を作る ▶4

☑ 最上級を表す原級・比較級表現の文を作る ▶5

　今回は、比較の復習をしたいと思います。2年生で学習した内容ですが、少し新しいことも学びます。

レッスン1　比較の表現の作り方

　「比べる」ためには、2つ以上の物が必要です。英語では、比較をするときに、形容詞や副詞を用いた次のような3つの表現方法があります。

◆3つの比較の表現

2つを比べる	A＝B (イコール)	A ... as＋原級＋as＋B	「AはBと同じくらい〜」
	A＞B (不等号)	A ... 比較級＋than＋B	「AはBより〜」
3つ以上を比べる		A ... the＋最上級＋$\begin{cases} \text{in} + \text{B〔場所〕} \\ \text{of} + \text{B} \\ \quad \text{〔特定複数名詞〕} \end{cases}$	「AはBの中で最も〜」

　2つを比べるとき、**イコール**になる場合に原級、イコールにならず**左に開く不等号**になる場合に比較級を用います。**3つ以上で比べる**ときには最上級を用います。

　比較の文は次の手順で作りましょう。

> ▶比較の文の作り方
> ①比べる対象のない文を作る
> ②文末に比べる対象を置く
> ③形容詞・副詞の語形を整える

　2つを比べるとき、比較対象を書くときに用いる as「〜と同じほど」と than「〜よりも」は従属接続詞でした。as で比較対象を書いたときに、もう1つ用いる as は形容詞・副詞を修飾する副詞でしたね。

＊ than は教科書では前置詞と考えることも多いです。

英語の ツボ㉘

◆ as / than のあとに文をしっかり書いてみる♪

英語の ツボ㉙

◆比べる対象が加わることで、形容詞・副詞の語形は変わるが、もとの文の語順は変わらない♪

　以上の2点が大事でした。

　3つ以上を比べる最上級の文のとき、「〜の中で」にあたる前置詞は、in と of を使い分けましたね。in のあとは「場所」、of のあとは「特定複数名詞」です。そして、形容詞の最上級には、必ず the が必要でした。以上が基本形の確認です。

練習問題

次の日本語に合うように、（　　）内の語句を並べ替えなさい。ただし、不足する1語を補い、必要であれば、下線部の形容詞や副詞を適当な形に変えること。

(1) 彼女は加藤先生と同じくらい上手に英語を話します。

　　She (<u>well</u> / as / English / speaks) Mr. Kato.

(2) 私はリンゴよりオレンジが好きです。

　　I (<u>very much</u> / apples / oranges / like).

(3) 僕は昨日、父よりたくさん魚をつりました。

　　I (<u>many</u> / my father / fish / caught) yesterday.

(4) ここは、京都よりも暑い。

It (hot / than / is / here) Kyoto.

(5) 彼女は見かけよりずっと若い。

She (young / she / is / much / than).

(6) 彼女はこのクラスの中で最もかわいいと私は思います。

I think that she (pretty / this class / the / is).

(7) 彼は3人の中で、最も注意深く運転します。

He (carefully / three / drives / the).

解答

(1) speaks English as well as　不足語＝ as

(2) like oranges better than apples　不足語＝ than

(3) caught more fish than my father　不足語＝ than

(4) is hotter here than in　不足語＝ in

(5) is much younger than she looks　不足語＝ looks

(6) is the prettiest in this class　不足語＝ in

(7) drives most carefully of the three　不足語＝ of

語句 (3) catch「〔魚〕をつる；～を捕まえる」＜caught 過去形・過去分詞＞ (7) carefully「注意深く」

解説

(1) She speaks English well. が比較対象のない文です。比較対象を表す文は、as Mr. Kato speaks English well で、speaks 以下が省略されています。比較対象を as で表すときは、副詞 as を形容詞・副詞の前に置きます。この文では well です。形容詞・副詞は原級なので、語形は変化しません。

▶前節で学んだ 〈so ～ that S＋V…〉と〈as ～ as S＋V…〉は、副詞節を導く接続詞と形容詞・副詞を修飾する副詞がセットになっているものなので、比較の文と似ていると感じた人がいるかもしれません。高校入試で必要なのはこの2つのみです。比較の復習をする意味がわかりましたか？

(2) I like oranges very much. が比較対象のない文です。比較対象を表す文は、than I like apples very much で、くり返している語句を削除すると apples だけが残ります。比較対象を than で表すときは、形容詞・副詞を比較級にします。very much-better-best の変化を思い出して

ください。likeのあとに目的語orangesを書くことを忘れずに。

(3)I caught many fish. が比較対象のない文です。比較対象を表す文は、than my father caught many fish で、caught以下を省略し、I caught many fishのmanyを比較級にします。「たくさんの」にあたる形容詞は、可算名詞ではmany、不可算名詞ではmuchを用いたことを覚えていますか？　魚つりをするときの「魚」は可算名詞です。more fish thanの語順に注意しましょう。

(4)It is hot here. が比較対象のない文です。比較対象を表す文は、than it is hot in Kyoto です。副詞hereと文法上対等な形にするために、Kyotoの前にinが必要です。thanのあとはin Kyotoのみを残し、hotを比較級にします。hotter here thanの語順は大丈夫ですか？　(3)もそうでしたが、比較級とthanは隣どうしではありません。

(5)She is very young. が比較対象のない文です。比較対象を表す文は、than she looks young です。be動詞isとlooksの比較です。thanは従属接続詞なので、Ｖを書くならＳも必要です。youngを比較級にし、比較級はveryで修飾できないので、muchに変えます。語順は変わりません。

(6)I thinkの目的語にあたるthat節が比較の文になっています。She is pretty. がもとの文です。「〜の中で」にあたる前置詞は、場所ならin、特定複数名詞ならof です。今回はinを補い、prettyを最上級にして、theをつけます。prettyは-er、-est型ですよ！

(7)He drives carefully. が比較対象のない文です。今回の「〜の中で」はofです。of のあとは特定複数名詞です。「特定」というのは、名詞にtheや所有格をつけることでしたね。theをここで使ってください。副詞の最上級は、theをつけなくてもかまいません。-ful, -ous, -ly, -ingなどの語尾をもつ形容詞、副詞は、more, most型になります。

レッスン2　原級を用いたその他の表現

①倍数表現

2つを比較して「〜倍」を表すときは、倍数を副詞asの前に置きます。「倍」にあたる単語は現在完了の経験用法のとき用いた「回数」を表す語句と同じ単語です➡第4節。2倍はtwice、3倍以上は 〜 timesを用います。X倍すれば「イコール」になるので、原級を用いるのだと理解しましょう。

・This river is twice as long as that one.

「この川はあの川の2倍の長さです」

② 「できるだけ〜」

　「できるだけ〜」は、「能力と同じくらい〜」と考え、〈as 〜 as＋S＋can ／ as 〜 as possible〉を用います。canは主節の時制に合わせます。「実際」と「能力」を比較したと考えましょう。possibleは「可能な」という意味の形容詞です。

▶ possibleを用いてas以下の英文を書くのは、今はまだ難しいので、熟語としてas 〜 as possibleまでの形で覚えておいてください。

・He spoke as slowly as he could.
・He spoke as slowly as possible.

「彼はできるだけゆっくり話しました」

レッスン3　比較級を用いたその他の表現

① 「差」の表現

　比べた2つのものの **「差」は比較級の前** に置きます。

・I am three years older than Ken.　　「私はケンより3歳年上です」

② 「AとBでは、どちらがより〜ですか」

　「AとBでは、どちらがより〜ですか」のように、2つの中から「より〜」なものを選ぶときは、〈Which …＋比較級, A or B ?〉を用います。2つの物の比較になるので、比較級を用います。

・**Which** is **longer,** the Shinano River **or** the Tone River?

「信濃川と利根川では、どちらがより長いですか」

・**Who** can swim **faster,** Ken **or** Jim?

「ケンとジムではどちらがより速く泳ぐことができますか」

▶人を比較するときは、who を用いるほうが一般的です。

③「ますます〜；どんどん〜」

「ますます〜；どんどん〜」を表現するには、〈比較級＋ and ＋比較級〉を用います。than 以下の文は考えなくて大丈夫です。

more を前につけて比較級にする語（more 型）の場合は、「ますますおもしろい」なら more interesting and more interesting とはせず、最初の interesting を削除して more and more interesting と表します。

・It is getting **colder and colder**. 「ますます寒くなってきています」

次の日本語に合うように、（　　）内の語句を並べ替えなさい。

(1) 若いうちは、できるだけたくさんの本を読みなさい。

(books / as / as / can / many / you / read) when you are young.

(2) 今年は去年の3倍雪が降りました。

We (snow / three / as / much / times / had) this year as last year.

(3) 私は父より3時間早く起きました。

I got up (my father / three / than / earlier / hours).

(4) あなたはどの季節が最も好きですか。

Which (you / season / like / the / do / best)?

(5) 彼はますます有名になりました。

He (more / more / famous / became / and).

(6) 介護施設では、ますます多くのロボットが必要とされています。

(robots / needed / more / more / and / are) in nursing homes.

(1) Read as many books as you can

(2) had three times as much snow

(3) three hours earlier than my father

(4) season do you like the best

(5) became more and more famous

(6) More and more robots are needed

語句 (2) snow「雪」 (4) season「季節」 (5) famous「有名な」 (6) robot「ロボット」／ nursing home「介護施設」

解説

(1)「できるだけ」が比較表現なので、まず「たくさんの本を読みなさい」というもとの文を命令文で表します。Read many books. ですね。「できるだけ」の **as you can** があとに続くので、形容詞 many の前に副詞の as を置きます。命令文の主語は you なので、can の前の主語が you になります。

(2)「今年は雪がたくさん降りました」We had much snow this year. が比較対象のないもとの文です。「3倍すればイコール」と考えるので、**原級を用いた比較**を用います。接続詞 as のあとには、We had much snow last year. という文がきますが、くり返しの語句は省略可能なので last year だけが残ります。副詞の as は形容詞 much の前で、この副詞 as の前に**倍数 three times** を置きます。

(3) I got up early. が比較対象のないもとの文です。比較対象 than my father によって、early が比較級 earlier になります。比較級の前に「差」の「3時間」**three hours** を置きます。

(4) 疑問詞を用いた文は、比較級だけでなく最上級でも使えます。最上級のものを改めて解説はしませんので、この問題で復習しておきましょう。「どの季節」は which を**疑問形容詞**として使い、which season と表します ➡ 第**7**節 。正解は **Which season do you like the best?** です。この the は、like を修飾する very much の最上級 best につく the です。

(5)〈比較級＋ and ＋比較級〉を用いる **more 型**の文です。「ますます」がなければ、He became famous. です。famous を比較級にして and でつなぐと、more famous and more famous です。長い famous を2回書かず、最初の famous が削除されると考えましょう。

(6)「ますます」を除くと、Many robots are needed …. になります。「ますます多くの」は、このmanyを〈比較級＋and＋比較級〉にすればよいので、More and more robots are needed in nursing homes. と表します。(5)と同じmore and moreですが、(5)のmoreは長い単語の比較級で使っているmoreでした。(6)のmoreは数量を表すmanyやmuchの比較級のmoreです。

レッスン**4** **比較級を表す原級表現**

◆「AはBほど〜ない」：比較級を表す原級表現

　〈A … as＋原級＋as B.〉「AはBと同じくらい〜」を否定した〈A … not as ＋原級＋as B.〉は「**AはBほど〜ない**」の意味を表し、右に開いた不等号の意味になります。

▶否定文では、副詞のasをsoにして〈A … not so ＋原級＋as B.〉とすることができます。

確認しよう

・Tom is ~~not as tall~~ as Ken.　「トムはケンほど背が高くありません」

＝ Ken is taller than Tom.　「ケンはトムより背が高いです」
＝ Tom is shorter than Ken.　「トムはケンより背が低いです」

レッスン**5** **最上級を表す原級・比較級表現**

①一番の物をそのまま主語にした場合

▶〈A … 比較級＋than any other B〔単数〕〉「Aは他のどんなBよりも〜」

　例　Mt. Fuji is higher than any other mountain in Japan.
　　　　　　　　　　　　　「富士山は日本の他のどんな山よりも高いです」

　肯定文で用いるanyは「**どれでも**」という意味で、**可算名詞でも単数形**が続きます。

②否定語を主語にし、比較対象に一番の物を用いる場合

▶ 〈No other B 〔単数〕… <u>as</u>[so] ＋原級＋ as A .〉 「Aほど～なBは他にない」

例 No other **mountain in Japan is** <u>as</u>[so] **high** as **Mt. Fuji.**
「富士山ほど高い日本の山は他にありません」

▶ 〈No other B 〔単数〕…＋比較級＋ than A .〉 「Aより～なBは他にない」

例 No other **mountain in Japan is higher** than **Mt. Fuji.**
「富士山より高い日本の山は他にありません」

▶ 〈Nothing … <u>as</u>[so] ＋原級＋ as A .〉 「Aほど～なものは他にない」

例 Nothing **is** <u>as</u>[so] **important** as **love.**
「愛ほど大切なものは他にありません」

▶ 〈Nothing …＋比較級＋ than A .〉 「Aより～なものは他にない」

例 Nothing **is** more **important** than **love.**
「愛より大切なものは他にありません」

　否定語が主語ということは、「一番の物とイコール」、もしくは「一番の物を超える物は存在しない」、と考えればよいでしょう。

練習問題

次の各組の英文がほぼ同じ内容になるように、（　　）内に適当な語を書きなさい。

(1) Ken plays the piano better than Tom.

　Tom (　　　　) play the piano (　　　)(　　　) as Ken.

(2) My brother doesn't like math as much as science.

　My brother likes (　　　)(　　　) than (　　　　).

(3) No other lake in Japan is so large as Lake Biwa.

　Lake Biwa is (　　　) than (　　　) other (　　　) in Japan.

(4) Health is the most important thing of all.

　(　　　) is as important as (　　　　).

解 答

(1) doesn't, as[so] well ／「トムはケンほど上手にピアノをひきません」

(2) science better, math ／「私の兄 [弟] は数学より理科のほうが好きです」

(3) larger, any, lake ／「琵琶湖は日本の他のどんな湖よりも大きいです」

(4) Nothing, health ／「健康ほど大切なものは他にない」

語句 (3) Lake Biwa「琵琶湖」

解 説

(1)betterの原級はgoodとwellですが、一般動詞のあとに用いるのは副詞wellです。否定文では、副詞のasをsoに置き換えることができます。

(2)1文目の比較対象のないもとの文は、My brother doesn't like math very much. です。比較対象でas scienceが加わったため、veryがasになっています。「兄は理科ほど数学が好きではない」なので、「理科のほうが好き」だということですよ。〈A … not as[so] ＋原級＋as B .〉は右に開く不等号ですから、英文に "<" を書き込むとどちらが好きか、わかります。好きな理科のほうをlikeの目的語にし、very muchの比較級betterをあとに置いてください。

(3)1文目は「日本のどんな湖も琵琶湖ほど大きくない」ですから、結局、「琵琶湖が日本で一番大きい湖である」という意味です。〈比較級＋than any other ＋単数名詞〉を用いて表します。noとanyを間違えないこと。そして、anyのあとの名詞を単数にすることを忘れずに。

(4)最上級の意味を、原級を用いて書くときは、否定語が主語、比較対象が「一番の物」になります。

　最後に、まとめの英作文問題です。比較対象のない文を作ってから、as / thanのあとの比較対象を表す文を続けましょう。

チャレンジ問題

次の日本文を英語になおしなさい。

(1) 私の視力は父ほどよくありません。[be 動詞を用いて、視力＝ eyesight]

(2) サッカーは、世界の他のどんな国よりも、ブラジルで盛んです。

(1) My eyesight isn't <u>as</u>[so] good as my father's (eyesight).

(2) Soccer is more popular in Brazil than in any other country in the world.

語句 (1) eyesight「視力」 (2) popular「盛んな；人気のある」／Brazil「ブラジル」

解 説

(1)「私の視力はよくない」My eyesight isn't good. が比較対象のないもとの文です。比較対象を表す文は、as my father's eyesight is good ですね。goodは削除、isも消去可能です。もとの文のgoodの前にasもしくはsoを置きます。

間違えやすいのはどこですか？

「父」です。「父」をmy fatherと書いてはいけません。my father'sが正しいです。比較対象を表すas以下の文は明らかなはずですが、その手間を怠ると、my fatherと間違えてしまいますよ。

「be動詞を用いて」という条件でしたが、一般動詞を用いて書くことも可能ですか？

はい。一般動詞を用いたもとの文をI don't have good eyesight. とすることができます。比較の文は、I don't have <u>as</u>[so] good eyesight as my father. になります。接続詞asのあとは、as my father has good eyesightです。

一般動詞を用いた文だと「父」が my father でいいのですね。

そうです。間違えやすいポイントのmy father'sを説明したかったので、あえて、be動詞で書いてもらったのですよ。

　(2)「サッカーはブラジルで盛んです」Soccer is popular in Brazil. が比較対象のないもとの文です。than以下はsoccer is popular in any other country in the world になります。Brazilを、any other country in the worldにすればよいだけです。

　popularは削除、soccer isは消去可能です。any other …の前のinがわかりにくいですが、■1の 練習問題 でやった(4)「ここは、京都よりも暑い」と同じ考え方で、in Brazilとin any other country in the worldの比較です。比較対象をthanで表したので、形容詞popularを比較級に直します。

　この節では、比較の考え方をマスターしていないとできないものを集めました。スラスラできるようになれば、本当に怖いものはありません。最初に伝えた基本的な考え方さえ守っていれば、難しそうに見える問題もちゃんと解けることがわかってもらえたと思います。

■■ **イントロダクション** ■■

☑ 「節」の性質を知る ▶1
☑ 名詞節を導く接続詞 that を含む文を作る ▶2
☑ that 節を目的語にとる語句を知る ▶2
☑ 間接疑問文を作る ▶2
☑ 名詞節内の時制の一致を理解する ▶3
☑ 間接疑問文と直接話法を書き換える ▶3

　今回は、名詞節を導く接続詞を学習します。これから 第14節 までは「節」を学んでいきます。

> レッスン**1** **節とは**

　これまでも、接続詞のあとに〈S＋V…〉が続くという話を何度もしてきました。3年生になって学んだ現在完了では since、不定詞の構文で学んだ〈so ～ that S＋V…〉の that、比較で用いる as / than、これらは接続詞でした。ここでいったん、「節」をまとめなおしましょう。

　〈接続詞＋S＋V…〉の「意味のまとまり」を「節」と呼びます。「句」は不定詞や動名詞など、時制のない2語以上の「意味のまとまり」なのに対し、「節」はその「意味のまとまり」の中に時制を含みます。今までは、接続詞のあとに〈S＋V〉が続くことに注意を払ってもらいましたが、今回から節の中の時制に目を向けてみましょう。

　また、「句」で確認した「句や節は、同じ形で一人3役（名詞・副詞・形容詞）をこなす♪ ⇒ 第6節 **英語の ツボ⑳**」は、「節」でも大事です。

　この節では、名詞節を導く接続詞を確認し、名詞節の中の時制に着目していきます。

> レッスン**2** **名詞節を導く接続詞**

　まずは「名詞節」の説明から始めます。「名詞節」の意味はわかりますか？

〈接続詞＋S＋V…〉のまとまりが、名詞の働きをしている、ということですよね。

　そうですね！　ちゃんと説明が伝わっていてうれしいです。名詞はSやCにも使いますが、中学で学ぶ名詞節は、動詞の目的語になります。

①**接続詞 that**

　現段階でみなさんが知っている、**名詞節を導く**接続詞 that は**「〜ということ」という意味**ですが、これは「平叙文を導く」ということです。

　「**平叙文**」という言い方を今回初めて使いましたが、簡単に言うと、**命令文を除く、ピリオドで終わる文**のことです。

　今までは、文が、普通の文（肯定文）、否定文、疑問文の3つに分かれているイメージがあったと思いますが、本当はピリオドで終わる文（平叙文）に肯定と否定があり、クエスチョンマークで終わる文（疑問文）に肯定と否定があるのです。みなさんも、Why don't we 〜? のような否定形の疑問文を見たことがあるはずです。

・平叙文：ピリオド（.）で終わる｛肯定／否定

・疑問文：クエスチョンマーク（?）で終わる｛肯定／否定

---

　that 節を目的語にとる動詞を思い出しましょう。2年生では限定した動詞だけを使いましたが、that 節を目的語にとる動詞はいろいろあります。「わかる」「思う」のような認識を表すものが多いので、知らない動詞でも、that 節が続いていたら、「わかる」「思う」と訳してみるとよいかもしれません。

◆ **that 節を目的語にとる語句**

know	「〜だと知っている」
think	「〜だと思う」
hope	「〜なのを望む」

hear	「〜らしい〔伝聞〕」
say	「〜と言っている；〔手紙などに〕〜と書いてある」
forget	「〜を忘れる」
remember	「〜を覚えている」
believe	「〜だと信じる」
understand	「〜だと解釈する」
decide	「〜だと決める」
mean	「〜と言おうとしている」
find	「〜だとわかる」
show	「〜だと示す」
tell (O that S V)	「(OにS V) だと伝える」
be sure	「きっと〜だと思う」
be afraid	「〜ではないかと不安に思う」
be glad	「〜を喜んでいる」
be surprised	「〜を驚いている」

　受動態の節ですでに練習したのですが、〈tell＋人＋物〉の「物」にあたる目的語をthat節で表すことができます➡ 第5節 。

　また、sureやafraid 以外に、gladやsurprisedのような感情を表す形容詞もthat節を続けることができます。なお、**名詞節を導く接続詞that は省略可能**です。

　これから問題や例文で確認してもらいたいのは、名詞節の中の時制です。当たり前と言えばそれまでですが、未来のことは未来の表現で、過去のことは過去形で、現在のことは現在形で表しています。節のポイントは節の中の時制なのです。意識してみてください。

確認しよう

・I hope (that) it will be sunny tomorrow.
　「明日晴れることを望みます」

· My mother **tells** me (that) my father was born in Canada.
「私の母は、父がカナダで生まれたと私に教えてくれます」

· I'm **afraid** (that) you have the wrong number.
「電話番号をお間違えではないかと思いますが」

■**練習問題**◀で節の中の時制を確認しましょう。

■**練習問題 ❶**◀

次の（　　　）内の語句を並べ替え、意味の通る英文にしなさい。また、できた英文を日本語になおしなさい。

(1) I remember (to / my father / tired / work / was / too) yesterday.

(2) I'm glad (to / for / don't have / shopping / I / go / you).

(3) Do you mean (aren't / ask / help / her / you / going to / to) you with your homework?

■**解 答**◀

(1) I remember my father was too tired to work yesterday. ／昨日父が働くにはあまりにも疲れていたのを、私は覚えています。

(2) I'm glad I don't have to go shopping for you. ／私はあなたのかわりに買い物に行かなくてもよくてうれしいです。

(3) Do you mean you aren't going to ask her to help you with your homework? ／あなたは、彼女に宿題の手伝いをしてもらうように頼まないつもりなのですか。

■**解 説**◀

　(1)rememberの目的語として不定詞を用いることがありましたが、この文はそれとは違うことがわかりますか？　過去形のwasがあるということは、〈S＋V〉が存在するということです。これが「節」の感覚です。この文は、名詞節を導くthatが省略されています。

英語の ツボ㉚

◆Vの前にはSがある、〈S＋V〉の前には接続詞がある♪

(2)gladは感情を表す形容詞なので、今までは「不定詞が続く！」という発想をしていましたが、この文には助動詞doと主語のIがあるので節が続きます。forには「〜のかわりに」という意味があります。

(3)現在形のareがあるので節を含んでいます。going toのあとの原形が何かわかりますか？　p.100 第8節 の表で学んだ〈ask＋O＋to＋動詞の原形〉「Oに〜するように頼む」を使います。her to help you に〈S V O〉の関係があることを確認しましょう。また、Do you 〜？と疑問文の語順でも、節の中はいつも〈接続詞＋S＋V…〉です。aren't you にしてはいけませんよ。

名詞節の中の時制がなにかわかったでしょうか？　 練習問題 ❶ では1問ずつ現在・過去・未来の文を入れました。

②疑問詞　ー間接疑問文ー

thatは平叙文を導く接続詞でしたが、疑問文を導く接続詞はthatではありません。疑問詞疑問文の場合は、疑問詞が接続詞の働きをします。疑問詞であっても接続詞の働きなので、その後は疑問文の語順ではなく〈S＋V…〉の語順になります。ただし、接続詞である疑問詞がSの役割もかねる場合は、接続詞のあとにSを書くことはできないので、Vが続きます。

このように、文の一部になっている疑問文を間接疑問文と呼びます。普通の疑問文はdoesやdidなどの助動詞を主語の前に出しますが、間接疑問文では、助動詞doesやdidを使わず、Vで時制を表します。

▶ Yes / Noで答えられる疑問文の間接疑問文は高校で学びます。

◆間接疑問文

疑　問　文	**What** <u>is</u> <u>this</u> ? 「これは何ですか」
	C　　V　　S
間接疑問文	**Do you know** 《<u>what</u> <u>this</u> <u>is</u>》？「これが何か知っていますか」
	接=C　　S　　V
疑　問　文	**Where** <u>does</u> <u>she</u> <u>live</u> ?
	M　　　　　　S　　V
	「彼女はどこに住んでいますか」

↓ does を用いないので
V で時制を表す

間接疑問文 Do you know 《where she lives》?
接＝M　S　V

「彼女がどこに住んでいるか知っていますか」

疑　問　文　　　　　**Who came here ?**
S　V

「だれがここへ来ましたか」

間接疑問文 Do you know 《who came here》?
接＝S　V

「だれがここへ来たか知っていますか」

　間接疑問文でとくに注目してもらいたいのは、疑問詞が接続詞になるという点です。なぜ疑問詞は接続詞になれるのでしょうか？　それは、疑問詞が文頭に置かれるからです。文頭というのは「節の最初」ということです。節は必ず接続詞から始まります。だから必然的に、疑問詞は接続詞にならざるを得ないのです。疑問詞って、すごいですね！

練習問題 ②

次の疑問詞疑問文を、与えられた書き出しに続けて書き、間接疑問文にしなさい。

(1) Where is Tom?
　I know ＿＿＿＿＿＿＿＿＿＿＿＿＿＿＿＿＿＿＿＿.

(2) Which season does she like the best?
　I don't know ＿＿＿＿＿＿＿＿＿＿＿＿＿＿＿＿.

(3) How will the weather be tomorrow?
　Please tell me ＿＿＿＿＿＿＿＿＿＿＿＿＿＿＿.

(4) Why did he come here?
　I want to know ＿＿＿＿＿＿＿＿＿＿＿＿＿＿.

(5) What made him come here?
　I wonder ＿＿＿＿＿＿＿＿＿＿＿＿＿＿＿＿＿.

(1) I know where Tom is. ／「私はトムがどこにいるのか知っています」

(2) I don't know which season she likes the best. ／「彼女がどの季節がいちばん好きか、私は知りません」

(3) Please tell me how the weather will be tomorrow. ／「明日の天気がどうなるか教えてください」

(4) I want to know why he came here. ／「なぜ彼がここに来たのか知りたい」

(5) I wonder what made him come here. ／「何が彼をここに来させたのだろうかと思う」

語句 (3) weather「天気」 (5) wonder「〜かしらと思う」

解説

間接疑問文は〈疑問詞（＝接続詞）＋S＋V…〉で表します。

(1)接続詞としての疑問詞whereのあとは〈Tom（S）＋is（V）〉の語順にします。

(2)間接疑問文にした場合は、現在を表すdoesを使わないかわりに、動詞likeに現在を表す-sをつけてlikesにします。このwhichはseasonを修飾する疑問形容詞です。which season全体が接続詞の部分になるので、バラバラにしないでくださいね。

(3)willやcanのように動詞に意味を付け加えるタイプの助動詞は、〈助動詞＋動詞の原形〉がVになります。

(4)間接疑問文にした場合は、過去を表すdidを使わないかわりに、動詞を過去形のcameにします。

(5)目的格のhimは主語にならないので、「彼」は主語ではありません。過去の文なのに、疑問文でdidと原形に分かれていないということは、疑問詞が主語の文です。Why did he come here? とWhat made him come here? がほぼ同じ意味で書き換えられるのは、使役動詞のmakeのときに学びました。

What made him come here? は、接続詞であるwhatがSの役割もかねているため、接続詞のあとはVが続きます。wonderは「〜だろうかと思う」という意味の他ですが、want to knowと置き換えるとわかりやすいです。

I wonder [what made him come here].
接＝S V O

■練習問題 ❷ でも、名詞節は現在・過去・未来の文をすべて使いました
よ。

レッスン❸ 時制の一致

　主節の動詞が過去形になった場合、名詞節の中の動詞も過去形になりま
す。これを時制の一致といいます。

> さっきまで、あれだけ「名詞節の中はすべての時制が出
> てきますよ」と話していたのに…。

　今までは、主節の時制は現在に限っていました。ですので、名詞節の中
はすべての時制が現れたのです。「時制の一致」という言葉はひとり歩き
しやすく、「左（主節）と右（名詞節）の時制は一致させる」や「名詞節
以外の節にも当てはめればいい」と思う人が出てくるので、次ページの
「時制の一致のイメージ図」でしっかり理解してください。
　ここでの英語の時制に関する前提として、「今」より少しでも前のこと
は過去形で表し、あとのことは未来を表す表現を用います。

◆時制の一致のイメージ図

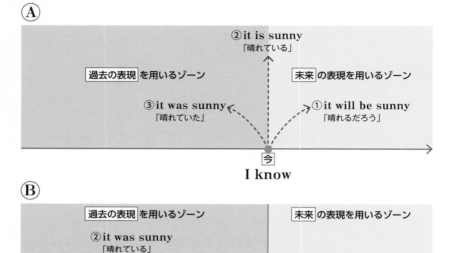

　上の図（Ⓐパターン）も下の図（Ⓑパターン）も、「今」より左が過去形を用いるゾーン、右が未来の表現を用いるゾーンです。「今」"I know"しているⒶパターンは、①未来のことでも、②現在のことでも、③過去のことでも可能ですから、名詞節はすべての時制を用いることができます。①I know it will be sunny. も②I know it is sunny. も③I know it was sunny. もOKだということです。

　一方で、I knewのⒷパターンになった瞬間、①その過去の時点以降に起こること、②その時点で起こっていたこと、③その時点よりも前に起こっていたこと、どれを知ることも可能ですが、どの内容も、過去の表現を用いるゾーンになります。これが「時制の一致」です。もちろん例外はありますが、まずこの原則となる考え方をマスターしてください。

　「時制の一致で名詞節では過去形を用いる」とはいえ、どちらの方向のことを述べようとしているのかは、区別したいですよね。それで、Ⓑパターンの①のときは、willの過去形wouldを用います。willの過去形というと難しいかもしれませんが、そもそもwillは現在形の助動詞で、現時点で

「これから起こること」を推量するので、結果として未来のことを表せたわけです。ですから、willの過去形というのは、<u>ある過去の時点から、それ以降のことを推量する</u>、ということです。

　Ⓑパターンの②はI knewと同じ「時」になるので、普通の過去形を用います。Ⓑパターンの③は高校で学びますが、過去完了を使います。

　少し複雑なのは、日本語には「時制の一致」のような「時」の見方がないので、Ⓐパターンでも Ⓑパターンでも、①なら未来のように、②なら現在のように表すことです。作文するときには注意してください。

練習問題 ❶

次の日本語に合うように、（　　　）内の語句を並べ替えなさい。ただし、不足する1語を補うこと。

(1) 父が僕の誕生日に何を買ってくれたのか知りません。

　I don't (my father / my birthday / what / know / for).

(2) 今の時刻を教えてください。

　Please (time / tell / it / me / what).

(3) 彼がいつ日本に着くか、知っていますか。

　(when / do / Japan / arrive in / know / you)?

(4) 夏祭りがいつ行われるのか、私は彼にたずねました。

　I (the summer festival / held / him / asked / when / be).

(5) 彼女はテレビを見ている最中だと思いました。

　I (she / TV / watching / thought / that).

解 答

(1) know what my father bought for my birthday　不足語＝ bought

(2) tell me what time it is　不足語＝ is

(3) Do you know when he'll arrive in Japan　不足語＝ he'll

(4) asked him when the summer festival would be held　不足語＝ would

(5) thought that she was watching TV　不足語＝ was

> **語句**　(4) summer festival「夏祭り」／ hold「〔会など〕を開催する」＜held 過去分詞形＞

解 説

　すべて、節内のＶの時制を考える問題です。「時制の一致のイメージ図」

141

のどれにあたるか、考えてくださいね。

　⑴主節I don't knowが現在なので、日本語どおり過去形の動詞boughtを補います。buyの目的語が疑問代名詞whatになって接続詞の位置に移動しています。

　⑵〈tell＋人＋物〉の「物」が間接疑問になった文です。接続詞はwhat timeで、そのあとは〈S＋V〉の語順なので、isを補います。

　⑶Do you know when he arrive in Japan? という文を作ればよいと思い、主語heが不足語だと思ってしまった人はいませんか？　arriveが現在形ならhe arrivesのはずです。「いつ日本に着くか」は、未来のことなので、he willの短縮形のhe'llを補う必要があります

　⑷askはtell同様、目的語を２つとる動詞で〈ask＋人＋物〉の「物」が間接疑問になった文です。主節I asked himが過去形なので、時制の一致を受け、wouldを補う必要があります。holdは「〔会など〕を開催する」という意味の⑩です。hold-held-heldと変化します。目的語が主語になっているので受動態になっています。

　⑸主節I thoughtが過去形なので時制の一致を受けます。名詞節の中は、現在進行形の文ではなく過去進行形にするのでwasを補います。

◆間接疑問文と直接話法の書き換え
　直接話法から間接話法への書き換えは、 第8節 で学びました。覚えていますか？

あのときは、" 　　 "の中が命令文でしたよね。

　そうでしたね。実は疑問文や平叙文も、今回学んだ接続詞（疑問詞やthat）を用いて間接話法に書き換えることができます。

　第8節 の話で大事だったことは、直接話法から間接話法へ書き換えるとき、sayが使えなくなり、tellやaskになることでした。理由を覚えていますか？

> say の目的語は、実際にしゃべった内容、つまり
> "　　　" の内容だからでしたか？

そうですね。今回も say と替わる動詞は tell と ask です。

◆直接話法と間接話法

▶直接話法	▶間接話法
〈"平叙文," A said to B.〉	= 〈A told B that S V.〉
〈"疑問詞疑問文" A said to B.〉	= 〈A asked B＋疑問詞＋S＋V.〉

tell と ask は動詞の使い方が似ています。「人」を目的語にとり、「物」にあたる目的語に「節」がきます。

ask は「頼む」意味の他に「たずねる」という意味があります。"　　　"の中が平叙文だったり疑問詞疑問文だったりということは、もうこれでどう書き換えたらよいか、わかるはずです。

> "When will the summer festival be held?", I said to him.
> 　　　「『夏祭りはいつ行われるのですか』と私は彼にたずねました」
>
> →I asked him when the summer festival would be held.
> 　　　「夏祭りがいつ行われるのか、私は彼にたずねました」

> なんだか、すべてがつながりました！

書き換えのときは、代名詞の変換と時制の一致にも気をつけてください。

次の直接話法の文を間接話法の文に書き換えるとき、(　　　) 内に適当な語を書きなさい。

(1) "I want you to help me," he said to me.

　　He (　　　) me (　　　)(　　　)(　　　)(　　　) to help (　　　).

(2) "Where will you go?" he said to me.

　　He (　　　) me (　　　)(　　　)(　　　) go.

(3) "Please write your name here," I said to him.

　　I (　　　) him (　　　) write (　　　) name here.

解 答

(1) told, that he wanted me, him ／「彼は私に手伝ってほしいと言いました」

(2) asked, where I would ／「彼は私に、どこに行くつもりなのかたずねました」

(3) asked, to, his ／「私は彼に、ここに名前を書くように頼みました」

解 説

　(1) "　　　　" 内が平叙文なので、動詞は told を用い、平叙文を導く that が名詞節を導く接続詞になります。

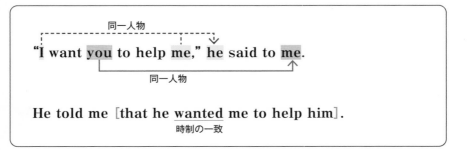

　(2) "　　　　" 内が疑問詞疑問文なので、動詞は asked を用い、名詞節を導く接続詞として疑問詞 where を用います。

"Where will you go?" he said to me .

同一人物

接 + 〈S + V〉の語順
He asked me [where I would go].
時制の一致

(3) "　　　" 内がpleaseのある命令文なので、動詞はaskedを用い、命令文は不定詞で表現します。この文のaskは「頼む」の意味ですからね。また、your nameをhis nameにすることも忘れずに。

今回で、中学で学ぶ名詞節と副詞節、名詞句と副詞句が出そろいました。次回はこれらのまとめの学習をしましょう。

副詞節・名詞節と副詞句・名詞句のまとめ

イントロダクション

☑ 副詞節と名詞節を見分ける 1

☑ 名詞句や名詞節を含む文を書き換える 2

☑ 副詞句や副詞節を含む文を書き換える 2

　副詞節・名詞節・副詞句・名詞句が出そろったところで、これらのまとめをしましょう。

レッスン 1　副詞節と名詞節の見分け方

　くり返しになりますが、「節」は〈接続詞＋Ｓ＋Ｖ…〉の「意味のまとまり」でした。**副詞節は副詞の働き（動詞を修飾）をする〈接続詞＋Ｓ＋Ｖ…〉、名詞節は名詞の働き（中学では⑩の目的語になる場合のみ）をする〈接続詞＋Ｓ＋Ｖ…〉**で、「句や節は、同じ形で一人３役（名詞・副詞・形容詞）をこなす♪➡ 第6節　英語の ツボ⑳」でした。

　副詞節と名詞節は、接続詞の種類で見分けるのではありませんよ。副詞節と名詞節を見分けるコツは、副詞句と名詞句を見分けるコツとまったく同じです。

英語の ツボ㉛

◆**副詞節と名詞節の区別の仕方→主節の動詞の性質**

（⾃／⑩）♪

例1	I'll **go** to the park (if it is sunny tomorrow).
	「明日晴れたら公園に行きます」
例2	I **think** [that it will be sunny tomorrow].
	「明日は晴れると思います」
例3	I **like** this penguin (because it is very cute).
	「とてもかわいいので、私はこのペンギンが好きです」

　文例で確認しましょう。例1の文はifからtomorrowまでが節です。主

節の動詞**go**が圓なので副詞節ですね。**例2**の文はthatからtomorrowまでが節です。主節の動詞**think**が他なので名詞節です。**例3**の文はbecauseからcuteまでが節です。主節の動詞**like**は他ですが、thispenguinという目的語がすでにありますから、この節は副詞節です。

2年生で学習した、時や条件の副詞節の中の時制については、未来のことを表すときは現在形にすることが大事でした。

英語の **ツボ32**

◆時・条件の副詞節の中は、未来のことを現在形で書く♪

「明日晴れたら公園に行く」と言う場合、公園に行くのも晴れるのも結局明日のことだから、わざわざ未来の表現を使わなくても誤解がない、という考え方があります。また、「明日晴れたら公園に行く」というのは、「明日晴れることが現実になること」を前提にしているので、現在形で書いてもいい、という考え方があります。どちらも正しいので、自分に合うほうで理解しておきましょう。

練習問題 ❶

次の文を日本語になおしなさい。

(1) I think that it has been very warm these days.
(2) She speaks French so clearly that we can understand her.
(3) I told my children that I was going to go shopping and that I would come back soon.

解答

(1) 最近とても暖かいと思います。
(2) 彼女はとてもはっきりフランス語を話すので、私たちは彼女の言っていることが理解できます。
(3) 私は子どもたちに、買い物に行ってすぐに戻ってくると伝えました。

語句 (1) warm「暖かい」 ／ these days「最近」 (2) clearly「はっきりと」

解説

すべて**that**節を含んだ文です。副詞節か名詞節か考えて訳しましょう。
(1)thatからdaysまでが節です。**think**は他なので、この節は名詞節です。

(2)thatからherまでが節です。speakの目的語Frenchがありますから、この節は副詞節です。副詞節を導くthatは副詞のsoとセットでしたね。

(3)2つのthat節（thatからshoppingまでとthatからsoonまで）、が接続詞andでつなげてあります。tellは他ですが、(2)のspeakとは異なり、目的語を2つとります。したがって、この2つのthat節は名詞節です。名詞節の中のwas going toは、am going to が時制の一致を受けたものです。

I told my children [that I was going to go shopping
S V   O   ↑時制の一致
①

and that I would come back soon].
②   ↑時制の一致

練習問題 ❷

次の①〜③の日本語を英語になおしなさい。

A：①彼がいつここに来るか知っていますか？
B：はい、知っていますよ。②3時頃ここに来るそうです。
A：③彼が来たら、これらの DVD を彼に貸してあげてください。

解答

① Do you know when he will come here?
② I hear (that) he will come here (at) about three (o'clock).
③ When he comes, please lend him these DVDs.

解説

　節について最終的に気をつけなければならないのは、節の中の時制です。3つの「来る」を正しい時制にすることがポイントです。

　①「知っている」knowの目的語は「彼がいつここに来るか」です。whenを接続詞とする間接疑問の名詞節を作ります。文脈上、彼がここに来るのは、これから（未来）ですね。主節が現在形の場合、名詞節の中はすべての時制が可能です。未来のことは未来形で表します。

②「〜だそうです」という伝聞は、**I hear that S V.** で表します。hear の目的語を**that節**で表します。①と同様、名詞節の中はすべての時制が可能ですから、未来のことは未来形で表します。

③Please lend him these DVDs が主節になります。⑯lendの目的語がすでに「彼」と「DVD」の2つありますから、そのあとは副詞節が続きます。副詞節の中は、未来のことを現在形で表します。日本語の「来た」にまどわされて、過去形にしないように！

ifも日本語は「もし〜なら」ですが、ifは来る可能性と来ない可能性が50％ずつある場合に用います。この問題の場面のように、来ることが100％確定しているときは、ifは使わずwhenを用います。

レッスン2 名詞節と名詞句、副詞節と副詞句

名詞節と名詞句は、名詞の働きであることは同じです。副詞節と副詞句も同様です。働きが同じなのですから、節と句は書き換えができる場合があります。

ただし、⑯の目的語として、どんな名詞句・名詞節をとるかは、動詞によって決まっています。不定詞はOKだけれど、動名詞はNGだとか、that節はOKだけれど、不定詞はNGだとか、決まりがあります。

句や節に関しては、学んだことを文法用語で復習していくのではなく、次のように、名詞・副詞に分けて整理することをおすすめします。

◆句と節の整理表①

	語	句	節
名詞	pen book など	・to＋動詞の原形（不定詞） 「〜すること」 ・動詞のing形（動名詞）	・that＋S V ・疑問詞＋S V（間接疑問）
副詞	well slowly など	・前置詞＋名詞 ・to＋動詞の原形（不定詞） 「〜するために；〜して」	・when＋S V ・if＋S V ・because＋S V ・so 〜 that＋S V　など

◆句と節の書き換えで覚えておきたい語句

> ▶ 前during と 接while
>
> ・During our stay in Tokyo, we visited Shibuya.
>
> > 「東京滞在中に、私は渋谷を訪れました」
>
> → While we were staying in Tokyo, we visited Shibuya.
>
> > 「東京に滞在している間に、私は渋谷を訪れました」
>
> ▶ 前because of と 接because
>
> ・The train was late because of a heavy snow.
>
> > 「激しい雪のために、電車が遅れました」
>
> → The train was late because it snowed heavily.
>
> > 「雪が激しく降ったので、電車が遅れました」
>
> ▶ 前置詞のあとは名詞（句）が続き、接続詞のあとは〈S＋V〉が続きます。

句と節の典型的な書き換えを 練習問題 でやってみましょう。

練習問題 ❶

次の各組の英文が、ほぼ同じ内容になるように、（　　　）内に適当な語を書きなさい。

(1) I know her address.

I know (　　　　)(　　　　) lives.

(2) Please tell me what I should do.

Please tell me (　　　　)(　　　　) do.

(3) Will you show me the way to the station?

Will you show me (　　　　)(　　　　) get to the station?

(4) I remember climbing Mt. Fuji last year.

I remember that (　　　　)(　　　　) Mt. Fuji last year.

(5) During my stay in Kyoto, I visited Kinkakuji.

(　　　　)(　　　　)(　　　　) staying in Kyoto, I visited Kinkakuji.

(6) I stayed home because it rained heavily.

I stayed home because of a (　　　　)(　　　　).

(7) He read a book after he studied English.

He read a book after (　　　　) English.

解 答

(1) where she ／「私は彼女がどこに住んでいるか知っています」

(2) what to ／「何をすべきか教えてください」

(3) how to ／「駅へどのように行ったらよいか教えていただけますか」

(4) I climbed ／「私は去年富士山に登ったことを覚えています」

(5) While I was ／「京都に滞在している間に、私は金閣寺を訪れました」

(6) heavy rain ／「激しい雨のために私は家にいました」

(7) studying ／「英語を勉強したあとで彼は本を読みました」

語句 (1) address「住所」 (4) climb「～に登る」 (6) heavily「激しく」

解 説

(1)her addressは2語以上の「意味のまとまり」なので名詞句です。名詞句her addressを名詞節で書き換えます。2文目が節になる理由はlivesが現在形だからです。「Ⅴの前にはSがある、〈S＋Ⅴ〉の前には接続詞がある♪⇒ 第11節 **英語のツボ㉚**」の感覚が大事です。「彼女の住所」ですから、「彼女がどこに住んでいるか」と考えて、間接疑問文を用いて表します。

(2)should「～すべきである」を含む疑問文は〈疑問詞＋不定詞〉で書き換えられます。不定詞は未来に向かう意味だったことを思い出してください。

(3)the way to ～「～への道」はhow to get to ～で書き換えられます。

(4)remember ／ forgetは目的語として不定詞・動名詞・that節・間接疑問、すべてOKです。ただし、不定詞が目的語になる場合と、動名詞が目的語になる場合では、意味が異なりましたね⇒ 第6節 。動名詞は過去に向かう意味なので「(すでに)～したことを覚えている」という意味です。接続詞thatのあとに主語のIと過去形のclimbedが続きます。

(5)duringは前置詞でしたね。このstayは前に所有格があるから名詞です。during my stay in Kyotoという副詞句を副詞節で書き換える問題です。duringに対応する接続詞はwhileです。stayingと動詞の-ing形になっているので過去進行形を用います。

(6)接続詞becauseに対応する前置詞はbecause ofです。前置詞のあとは名詞ですから、「激しく雨が降っていた」を「激しい雨」という名詞にします。名詞(rain)を修飾するのは形容詞ですから、副詞heavilyを形容詞heavyに変えて、heavy rainとします。

(7)after / beforeは前置詞と接続詞が同形の語です。前置詞として用いるときには動名詞が続くのでstudyingとします。従属接続詞のあとの主語は省略できませんから、×after studied Englishとしてはいけません。

練習問題 ❷

次の英文の（　　）内に入る適当な語句をア〜エから1つずつ選びなさい。

(1) I (　　) reading a book.

　　ア would like　　イ finished　　ウ hoped　　エ decided

(2) I (　　) to watch TV.

　　ア stopped　　イ enjoyed　　ウ thought　　エ knew

(3) I (　　) which way to take.

　　ア knew　　イ wanted　　ウ hoped　　エ liked

(4) I (　　) that he will win the game.

　　ア like　　イ hope　　ウ want　　エ enjoy

解答

(1) イ／「私は本を読み終えました」

(2) ア／「私はテレビを見るために手を休めました」

(3) ア／「私はどちらの道を行けばよいか知っていました」

(4) イ／「私は彼がその試合に勝つことを望んでいます」

語句　(4) win「〜に勝つ」

解説

　正しい目的語を選ぶ問題です。

　(1)空所のあとがreadingなので、動名詞を目的語にとる動詞finishedを選びます。would likeはwantの丁寧表現です。動名詞ではなく不定詞を目的語にとるのでNGです。

　(2)空所のあとがto watchなので、不定詞を目的語にとる動詞を選びます。enjoyはNGでしたね。thinkはthat節を目的語にとります。knowは〈疑問詞＋不定詞〉ならOKですが、普通の不定詞は目的語にとれません。stopは「〜をやめる」という意味だと動名詞だけを目的語にとりますが、圓の「立ち止まる：手を休める」という意味で用いると、あとに副詞句を続けることができましたね➡️第**6**節。

　(3)空所のあとがwhich way to takeなので、目的語に〈疑問詞＋不定

詞〉をとる動詞を選びます。want / hope / likeは、普通の不定詞なら目的語にとれますが、〈疑問詞＋不定詞〉は目的語にとれません。(2)でも解説したとおり、knowは普通の不定詞は目的語にとれませんが、〈疑問詞＋不定詞〉ならOKです。

(4)空所のあとが〈that S＋V〉なので、that節を目的語にとる動詞を選びます。like / enjoyはthat節を目的語にとることはできません。hope / wantは意味が似ていますが、使い方が少し違います。that節を目的語にとれるのがhope、〈O＋to＋動詞の原形〉が続くのがwantです。正解はイのhopeです。wantを用いて同様の意味を表す場合は、I want him to win the game. という文になります。

◆ want / hope に続く語句

	to＋ 動詞の原形	動詞の-ing形	that節	O＋to＋ 動詞の原形
want	◯	×	×	◯
hope	◯	×	◯	×

「動詞のあとにどんな品詞を置くか意識することが大事♪ 第1節 英語の ツボ❸」「⑩なのか⑥なのかを考えるクセをつけよう♪ 第1節 英語の ツボ❷」ということが大事でしたが、ここではさらにバージョンアップしていきます。

⑥や⑩だとわかったら、次に何を考えるのかをまとめました。

◆ "⑥なのか⑩なのか" の次に考えること

動詞 { ⑥→どんな前置詞が続くのかを考える
⑩→目的語として何が続くのか考える { ・普通の名詞
・不定詞
・動名詞
・〈疑問詞＋不定詞〉
・〈O＋to＋動詞の原形〉
・that節 }

これで、名詞句（節）、副詞句（節）で言い残すことはありません。最後に チャレンジ問題 をやってみましょう。不定詞が3つ、that節が2つある文です。それぞれ名詞か副詞か考えてくださいね。

次の文を日本語になおしなさい。

My mother was so surprised to know that my homeroom teacher would come to see her at our house that she began to clean the house in a hurry.

解答

母は、僕の担任の先生が、家に母に会いに来ると知って、とても驚いたので、急いで家の掃除を始めました。

語句 homeroom teacher「担任の先生」／ in a hurry「急いで」

解説

　入試問題の長文には、このような難易度の文が含まれます。単語から文のイメージはわくと思いますが、これが名詞と副詞の最終試験ですから、イメージで訳すことのないよう、今回学習した動詞の性質から考えてください。

　surprisedの前の**so**は**副詞**なので、**that**節とつながります。ただ、最初のthat節は⑩knowのあとなので、これはknowの目的語にあたる**名詞節**です。あとに出てくるthat節が〈**so 〜 that S ＋ V**〉で用いるthat節です。surprisedのあとの**不定詞**は、感情の形容詞のあとの不定詞なので**副詞的用法**で、「〜して」と**感情の原因**を表します。名詞節のthat節の中は、my homeroom teacherがS、would comeがV、comeが⑪なので、あとの不定詞は**副詞的用法**です。「〜するために」のほうですね。2番目のthat節が**副詞節**で、その中はsheがS、beganがV、beginが⑩なので、あとの不定詞は**名詞的用法**です。

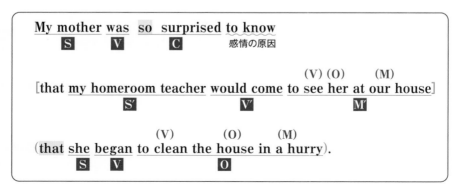

MEMO

■■**イントロダクション**■■

☑ 名詞を修飾する形容詞節の働きを知る ▶1

☑ 主語の働きをする関係代名詞の文を作る ▶2

☑ 目的語の働きをする関係代名詞の文を作る ▶2

☑ 目的格の関係代名詞の省略を知る ▶2

さあ、ここから一気に名詞を修飾する方法を学んでいきましょう。

▶レッスン **1**　**名詞を修飾する形容詞節**

今回は形容詞節を学習します。形容詞節はどういうものか、わかります
か？

> 今までの副詞節や名詞節の考え方をそのまま適用すると、
> 〈接続詞＋Ｓ＋Ｖ…〉が形容詞の働きをするものでしょう
> か。

そのとおりです。では、形容詞は何を修飾しますか？

> 名詞です。

そうですね。副詞が動詞を修飾し、形容詞は名詞を修飾します。
something to drink「飲み物」や、the pen on the desk「机の上のペ
ン」のように、2語以上の「意味のまとまり」が名詞を修飾するときは、
名詞の直後から修飾したことを覚えていますか？　節も2語以上の「意味
のまとまり」ですから、節が名詞を修飾するときは、名詞の直後から修飾
することになります。

今から新しく学ぶ関係代名詞は、そのように名詞の直後から修飾すると
きに使う、形容詞節を導く接続詞です。

レッスン**2** **関係代名詞：主格・目的格**

◆主語の働きをする関係代名詞

まず、次の文を見てください。

> **This is a boy. He helped me yesterday.**
> 「こちらはある少年です。彼は昨日私を手伝いました」

この2つの文を、関係代名詞を用いて、1つの文にすることができます。関係代名詞を用いると2つの文が1つにできるということからも、関係代名詞が接続詞の働きをしている、ということがわかると思います。

練習問題 ❶

① 次の日本語に合うように、2つの英文を [　　] 内の接続詞を用いて1つの文にするとき、下線部に適当な語句を書きなさい。

「うれしいとき、彼はいつも微笑みます」

He is happy. He always smiles. [when]

When ＿＿＿＿＿＿＿＿＿＿＿＿＿＿＿＿＿＿.

② 次の疑問詞疑問文を、与えられた書き出しに続く形になおして書きなさい。

Where is Tom?

I know ＿＿＿＿＿＿＿＿＿＿＿＿＿＿＿＿＿.

解 答

① When he is happy, he always smiles.

② I know where Tom is.

解 説

① He is happy. と He always smiles. という2つの文が、**when**という接続詞を用いることによって When he is happy, he always smiles. という1つの文になりました。when he is happy は副詞節で、when は副詞節を導く接続詞です。

② I know と Where is Tom? という2つの文が、**where**という接続詞を用いることによって、I know where Tom is. という1つの文になりま

した。

では、もう一度先ほどの例文を見てください。

> **This is a boy. He helped me yesterday.**

この2つの文の特徴は、2文目に三人称の人称代名詞heを含んでいることです。代名詞というのは、既出の名詞の代わりをするわけですから、この文例の場合、heは前の文のa boyを受けていることになります。つまり、2文目は、1文目に出てきた名詞について、補足説明を加えているのです。「こちらはある少年なんですが、実はその少年は昨日私を手伝ってくれたのですよ」→「こちらは、昨日私を手伝ってくれた少年です」というふうになります。

では、英語で書くとどうなるでしょうか。

◆関係代名詞を用いて2つの文を1つの文にする手順

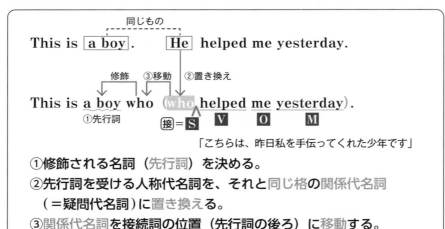

① 修飾される名詞（先行詞）を決める。
② 先行詞を受ける人称代名詞を、それと同じ格の関係代名詞（＝疑問代名詞）に置き換える。
③ 関係代名詞を接続詞の位置（先行詞の後ろ）に移動する。

一見すると難しそうに思えますが、そんなことはありません。一緒に確認していきましょう。

「修飾される名詞」というのは、先ほど確認した、2文目で人称代名詞になっている、そのもとになる名詞のことです。今回はa boyです。関係代名詞の世界では、修飾される名詞のことを、特別に「先行詞」と呼びます。先行詞が決まったら、ここから〈接続詞＋S＋V…〉の形でその先行詞を修飾します。

　次にその「接続詞」にあたる関係代名詞を決めます。まず、2文目の人称代名詞を見てください。人称代名詞は主格・所有格・目的格の3種類のうち、どの格かを確認します。今回は主格のheですから、同じ主格のwhoに置き換えます。関係代名詞も人称代名詞と同様、主格・所有格・目的格と3種類の格がありますよ。そして、その関係代名詞を接続詞の位置（先行詞の後ろ）に移動します。

　接続詞のあとは〈Ｓ＋Ｖ…〉ですが、接続詞whoは主語を兼ねているので、あとに主語を置かず、動詞が続きます。

◆先行詞と関係代名詞の種類と格

先行詞＼格	主格	所有格	目的格
人	who	whose	who(m)
人以外	which	whose	which
人＋人以外	that	———	that

▶先行詞が「人＋人以外」の場合と、先行詞に「唯一」「すべて」「無」の意味が含まれる場合は、thatが好まれる。

▶目的格の関係代名詞は省略可能。

　関係代名詞とは、いったいどんな単語なのだろう、と思っていた人もいたと思いますが、みんなが知っている疑問代名詞と同じなのです。

　第11節で間接疑問文を学んだときは、疑問詞が接続詞の働きをしましたね。なぜその働きができたのか覚えていますか？　疑問詞は文頭に置きます。文頭は、「節」でいうと接続詞の位置です。だから、疑問詞は自動的に接続詞の働きをするのでした。

　関係代名詞（＝疑問代名詞）も同じです。人称代名詞を疑問代名詞に置き換えてしまえば、接続詞の働きができるという考え方です。ただし、そのときに、「人称代名詞と同じ格にすることだけは忘れないでね♪」という注意点があるという違いです。

◆目的語の働きをする関係代名詞

　先ほどの例は主格の関係代名詞の文でしたが、目的格の関係代名詞を用いる文の作り方も同様です。次の問題で目的格の関係代名詞の文を作ってみましょう。

関係代名詞を用いて、2つの文を1つの文にしなさい。

The boy lives near here.　I helped him yesterday.

The boy who(m) I helped yesterday lives near here.

先行詞はどれになりますか？

> 2文目の人称代名詞 him のもとになる名詞を探せばいい
> ですね。The boy です。

　そのとおりです。これが先行詞ですから、ここから〈接続詞＋S＋V…〉
が続きます。

> えっ？　こんなところにいきなり接続詞を使うのです
> か？

　そうですよ♪　名詞を〈接続詞＋S＋V…〉で修飾するのですからね！
では、接続詞（関係代名詞）を決めましょう。先ほどの表のどれになりま
すか？

> him は目的格だから、同じ目的格の who(m) ですね。

　そうです。目的格は本来whomなのですが、文頭のwhomは、最近は
whoに置き換えられるようになってきているので、教科書ではwhomと
いう単語を見かけないかもしれません。
　これを接続詞の位置に移動させますよ。あとに何が続きますか？

〈S + V〉ですから、**I helped** です。あとの **him** が **who(m)** になって前に移動しているので、**yesterday** が残ります。

いいですね。これで修飾部分が書き終わったので、最初の文の動詞に戻りましょう。

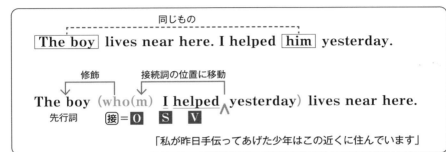

同じもの

The boy lives near here. I helped him yesterday.

修飾　　接続詞の位置に移動

The boy (who(m) I helped yesterday) lives near here.
先行詞　接=0　S　V

「私が昨日手伝ってあげた少年はこの近くに住んでいます」

　少しイメージがわいてきましたか？　先行詞の種類が「人以外」の場合も練習してみましょう。手順は同じなので安心してください。

練習問題 ❷

次の2つの文を、that 以外の関係代名詞を用いて1つの文にしなさい。また、できた英文を日本語になおしなさい。

(1) I know a dentist. She is from Hokkaido.

(2) The dentist is from Hokkaido. I see her every month.

(3) These are the pictures. Mr. Sato took them in Okinawa.

(4) The pictures are beautiful. They were taken in Okinawa by Mr. Sato.

(5) The students are Ken and Tom. They are playing tennis over there.

解 答

(1) I know a dentist who is from Hokkaido.／私は北海道出身の歯医者を知っています。

(2) The dentist who(m) I see every month is from Hokkaido.／私が

毎月診てもらっている歯医者は北海道出身です。

(3) These are the pictures which Mr. Sato took in Okinawa. ／これ
  らは、佐藤さんが沖縄で撮った写真です。

(4) The pictures which were taken in Okinawa by Mr. Sato are
  beautiful. ／佐藤さんが沖縄で撮った写真は美しい。

(5) The students who are playing tennis over there are Ken and
  Tom. ／向こうでテニスをしている生徒はケンとトムです。

語句 (1) dentist「歯医者」

解説

　2つの文を1つの文にする手順に沿ってやってみましょう。人称代名詞
の格をしっかり確かめ、先行詞のすぐあとに接続詞（関係代名詞）を置い
てください。

　(1)2文目の人称代名詞sheのもとになっている名詞a dentistが先行詞
なので、このあとに〈接続詞＋S＋V…〉を続けます。sheは主格で「人」
ですから、関係代名詞（＝疑問代名詞）主格のwhoに置き換えて、接続
詞の位置に移動します。whoは主語を兼ねているので、そのあとに主語は
置かず、動詞のisが続きます。

I know a dentist (who is from Hokkaido).
先行詞　　　　接 = S　V

　(2)2文目の人称代名詞herのもとになっている名詞the dentistが先行
詞なので、このあとに〈接続詞＋S＋V…〉を続けます。herは目的格で
「人」ですから、関係代名詞（＝疑問代名詞）目的格のwho(m)に置き換
えて、接続詞の位置に移動します。who(m)は目的語を兼ねているので、
〈S＋V〉のあとの目的語は置かず、every monthが続きます。

The dentist (who(m) I see every month) is from Hokkaido.
先行詞　　　　接 = O　S　V

　(3)2文目の人称代名詞themのもとになっている名詞the picturesが

162

先行詞なので、このあとに〈接続詞＋S＋V…〉を続けます。themは目的格で「人以外」ですから、関係代名詞（＝疑問代名詞）目的格のwhichに置き換えて、接続詞の位置に移動します。whichは目的語を兼ねているので、〈S＋V〉のあとの目的語は置かず、in Okinawaが続きます。

These are the pictures（which Mr. Sato took in Okinawa）.
先行詞　　　　　　　接＝O　　　S　　　V

骨組みの文は、These are the pictures. です。動詞areの前が主語ですよ！　「これらの写真は…」と訳さないでくださいね！

(4)2文目の人称代名詞theyのもとになっている名詞the picturesが先行詞なので、このあとに〈接続詞＋S＋V…〉を続けます。theyは主格で「人以外」ですから、関係代名詞（＝疑問代名詞）主格のwhichに置き換えて、接続詞の位置に移動します。whichは主語を兼ねているので、そのあとに主語は置かず、動詞のwereが続きます。

The pictures（which were taken in Okinawa
先行詞　　　　　　接＝S　　　V
　　　　　　　　　　by Mr. Sato）are beautiful.

(5)2文目の人称代名詞theyのもとになっている名詞は、the studentsかKen and Tomかで迷ったと思います。どちらでも間違いではありませんが、先行詞になれるのは、the studentsのほうです。これについてはのちほど説明しますね。
　先行詞が決まったので続きをしましょう。the studentsが先行詞なので、このあとに〈接続詞＋S＋V…〉を続けます。theyは主格で「人」ですから、関係代名詞（＝疑問代名詞）主格のwhoに置き換えて、接続詞の位置に移動します。whoは主語を兼ねているので、そのあとに主語は置かず、動詞のareが続きます。

The students (who are playing tennis over there)
先行詞　[接]＝S　　　V
　　　　　　　　　　　　　　　　　　　　are Ken and Tom.

　(5)で先行詞になれるのは the students で、なぜ Ken and Tom は先行詞になれないのか、ということの説明をしますね。

　「名詞を修飾する」ということは、名詞の範囲を狭める、その条件に合う名詞だけを取り出す、ということです。これは関係代名詞に限らず、ごく普通の形容詞もそうです。

　たとえば、「花」といえば数えきれないほどたくさんありますが、「赤い花」となった瞬間、赤以外の色の花は却下されてしまいます。そうすると、students と Ken and Tom、どちらの名詞の範囲を狭める必要がありますか？

> なるほど！　固有名詞は１つしか存在しない前提なので、修飾語をつける必要はないですね。たしかに今までも、handsome Tom とか、pretty Emily とか、見たことないです。

英語の ツボ㉝

◆名詞を修飾する→名詞の範囲を狭める、条件に合う名詞だけ取り出す♪

◆目的格の関係代名詞の省略

　もう１つ知っておかなくてはならないことが**目的格の関係代名詞は省略できる**ということです。

　これで、**省略できる接続詞は２つになりました**が、もう１つは何かわかりますか？

> えっと…、名詞節を導く that でしたよね。

そうです！　これは大事なことですよ。

◆省略できる接続詞

> ・名詞節を導く**that**
> ・目的格の関係代名詞

　関係代名詞は疑問代名詞と同じだと言いました。疑問代名詞で大事だったことを覚えていますか？　「疑問代名詞のあとは名詞が１つ欠けている♪➡ 第7節　英語の ツボ㉖」を説明したときに、「この感覚があると関係代名詞はすっとわかる」と言いました。それと同じです。

英語の ツボ㉞
◆関係代名詞（＝疑問代名詞）のあとは名詞が１つ欠けている♪

　主格の関係代名詞のあとは、主語（名詞）が欠けています。目的格の関係代名詞のあとは、目的語（名詞）が欠けています。
　その理由はわかりますよね？　欠けている主語や目的語が関係代名詞（＝疑問代名詞）となって接続詞の位置に移動しているのですよ。
　図解の文に「∧」の記号が入っていることに気づきましたか？　これは、「あるべきところに名詞がない」という記号です。主格の関係代名詞の文には主語のところに「∧」が、目的格の関係代名詞の文には目的語のところに「∧」が入っています。確認してください。
　この「あるべきところに名詞がない」ということが、関係代名詞で最も大事なことです。これさえわかってもらえたら、もう関係代名詞の学習は完了と言っても過言ではありません。「疑問代名詞のあとは名詞が１つ欠けている♪」でしたね。
　そして置き換えと移動、これも同じく重要です。１年生のときから基礎ができている人は、おそらく少し読んだだけでも、関係代名詞が理解できたと思います。
　先ほど解いた　練習問題 ❷ を使って、疑問詞と同じか確認してみましょう。
　⑴She is from Hokkaido.「彼女は北海道出身です」の下線部分をたずねる「だれが北海道出身ですか」を英語で表すと、どうなりますか？

Who is from Hokkaido?　ですか？

　そうですね。では次は、⑵の文を使って、「あなたはだれに毎月診てもらっているのですか」は英語で表すとどうなりますか？

⑵を参考にすると「（医者）に診てもらう」は see を使えばいいので、**Who do you see every month?** です。

　これを、間接疑問文でやったように〈接続詞（疑問詞）＋Ｓ＋Ｖ…〉の順にすれば、who you see every month です。一人称Ｉと二人称youで主語が違いますが、今書いた疑問文と、関係代名詞節の中の表現が同じだということが確認できたと思います。
　以上を踏まえ、目的格なら省略できることも思い出して、主格か目的格かを判断する問題をやってみましょう。

練習問題 ❸

次の（　）内に、that 以外の適当な関係代名詞を書きなさい。ただし、省略できるものは○を書きなさい。また、できた英文を日本語になおしなさい。

⑴ I have an aunt (　　　　) lives in Toyama.
⑵ The singer (　　　　　) we want to see will come to Japan next year.
⑶ I like to eat vegetables (　　　　) my mother grows.
⑷ The book (　　　　) is written in easy English is easy to read.

解答

⑴ who ／私には富山に住んでいるおばがいます。
⑵ ○／私たちが会いたいと思っている歌手が、来年日本に来ます。
⑶ ○／私は母が育てている野菜を食べるのが好きです。
⑷ which ／やさしい英語で書いてあるその本は読みやすい。

語句 　(1) aunt「おば」　(2) singer「歌手」　(3) vegetable「野菜」　／ grow「〜を育てる」

解 説

　この問題は、先行詞が「人」か「人以外」かを先に判断するのではなく、どの名詞が欠けているかを先に見つけてください。

英語の ツボ㉟

◆先行詞を先に見ない♪　どこの名詞が欠けているかを判断する♪

　「後ろに〈Ｓ＋Ｖ〉が続いていれば目的格で、後ろにＶが続いていれば主格だ」という覚え方や先に先行詞を見るクセがついている人は、高校生になって関係副詞を学ぶときに困ってしまいます。高校生になっても解き方を変えずにすむ見極めのポイントが、「欠けている名詞を探す」なのです。

　(1)接続詞である関係代名詞のあとに主語がないので主格です。先行詞はauntで「人」なので、whoが入ります。

　(2)不定詞 to see の目的語がないので、目的格で省略できます。

　1つの節には時制は1つしか含まれません。これもいろいろなところで言っています。時制はＶにあるだけですから2つ目の動詞の時制の前までが関係代名詞節です。

The singer (we want to see ∧) will come to Japan next year.
S　　　　　　S　　V　　　　　　　　V　　　　　M　　　　　M
　　　　　　　1つ目のV　　　　　　↑ここが2つ目のVなので
　　　　　　　　　　　　　　　　　この前までが関係代名詞節

　(3)grows の目的語がないので目的格です。省略できます。

　(4)接続詞である関係代名詞のあとに主語がないので主格です。先行詞はbook で「人以外」なので which です。2つ目の動詞（あとの is）の前のEnglish までが関係代名詞節です。

The book（which ∧ is written in easy English）
S ＿ S ＿＿ V ＿＿＿＿＿ M **is easy to read.**
　　　　　　 1つ目のV ＿＿＿＿＿＿＿＿＿＿ V

↑ここが2つ目のVなので
　この前までが関係代名詞節

　最後に日本語から関係代名詞の英文を作ってみましょう。

　不定詞の形容詞的用法を学んだときにやったように、日本語の文の名詞を修飾している部分に、（　　　）を入れて考えてください。これも2年生のときに習った範囲です。

英語の ツボ㊱

◆**英文は骨組みから書く（修飾語は後回し）♪**

例題

次の日本語を英語になおしなさい。
　　公園を走っているその2匹のイヌをごらんなさい。

解答

Look at the two dogs <u>which</u>[that] are running in the park.

解説

　「（公園を走っている）その2匹のイヌをごらんなさい」なので、「その2匹のイヌをごらんなさい」にあたるLook at the two dogs.が骨組みの英文です。先行詞が「人以外」なので、**関係代名詞which / that**を用います。「走る」の主語にあたるのが「イヌ」なので、これは**主格**の関係代名詞です。

　主格の関係代名詞のあとは主語が欠けて動詞が続きます。「走っている」なので現在進行形にします。先行詞two dogsに合わせて、be動詞はareにします。

英語の ツボ㊲

◆**主格の関係代名詞に続く動詞は、先行詞に形を合わせる♪**

練習問題 ④

次の日本語に合うように、( ) 内の語句を並べ替えなさい。ただし、1語不足している場合は補うこと。

(1) 空を飛んでいる鳥をごらんなさい。

(the sky / flying / the birds / look / that / in / at). [1 語不足]

(2) あなたに腕時計を買ってくれた人はだれですか。

Who (the watch / you / bought / the man / that / is)?

(3) 私が駅への行き方を教えてあげた男の人は、悲しそうに見えました。

(I / the station / how to / told / the man / get to / looked) sad.

(4) ペルーはあなたが興味を持っている国です。

Peru (you / interested / the country / is / are). [1 語不足]

解答

(1) Look at the birds that are flying in the sky.　不足語＝ are

(2) Who is the man that bought you the watch?

(3) The man I told how to get to the station looked sad.

(4) Peru is the country you are interested in.　不足語＝ in

語句 (2) watch「腕時計」 (4) Peru「ペルー」

解説

(1)「（空を飛んでいる）鳥をごらんなさい」なので、「鳥をごらんなさい」にあたる Look at the birds. が骨組みの英文です。このあとに関係代名詞 that を置きます。「飛ぶ」の主語にあたるのが「鳥」なので、主格の関係代名詞を用います。主格の関係代名詞のあとは主語が欠けて動詞が続きますね。現在進行形にするための be 動詞が不足語です。先行詞 the birds に合わせて、are を補います。関係代名詞 that は、もともとは先行詞 the birds を受ける they だったわけですからね。

Look at the birds (that∧are flying in the sky).

(2)「（あなたに腕時計を買ってくれた）人はだれですか」なので、「人はだれですか」にあたる Who is the man? が骨組みの英文です。このあとに関係代名詞 that を置きます。先行詞は buy の主語にあたるので、主格の関係代名詞を用います。主格の関係代名詞のあとは、主語が欠けて動詞が

続き〈buy＋人＋物〉の語順を続けます。

> **Who is <u>the man</u> (that∧bought you the watch)?**

(3)「（私が駅への行き方を教えてあげた）男の人は、悲しそうに見えました」なので、「男の人は、悲しそうに見えました」にあたる The man looked sad. が骨組みの英文です。「私が」だけ見て、いきなり I から書き始めないように気をつけてください。

先行詞が the man なので、そのあとに関係代名詞節を置きますが、関係代名詞がないので、省略できる目的格と判断します。つまり、目的語のない文が続きます。tell は〈tell＋人＋物〉なので、この「人」が先行詞です。

> **<u>The man</u> (I told∧how to get to the station) looked sad.**

(4)「ペルーは（あなたが興味を持っている）国です」なので、「ペルーは国です」にあたる Peru is the country. が骨組みの英文です。the country のあとに関係代名詞節を置きます。

「〜に興味がある」は be interested in 〜ですから、不足語は in です。

前置詞 in の目的語が、目的格の関係代名詞になって前に移動したものです。つまり、in のあとの名詞が欠けているということです。

> **Peru is <u>the country</u> (you are interested in∧).**

M E M O

関係代名詞（形容詞節）(2) と節のまとめ

■■ イントロダクション ■■

☑ 所有格の働きをする関係代名詞 whose を用いた文を作る 　1

☑ 名詞節・副詞節・形容詞節を見分ける 　2

今回は、所有格の関係代名詞を学習したあと、名詞節・副詞節・形容詞節を見分ける練習をしていきます。

レッスン1　所有格の関係代名詞 whose

所有格の関係代名詞は、教科書で扱っていない場合が多いと思いますので、少し触れる程度にします。1年生のときから「所有格」をしっかり学んできた人にとっては、難しくありません。

> **I know a boy. His eyes are blue.**
>
> 「こちらはある少年です。彼の目は青いです」

第13節 の手順にしたがって、関係代名詞を用いて上の2つの文を1つの文にしましょう。

◆関係代名詞を用いて2つの文を1つの文にする手順

> ①修飾される名詞（先行詞）を決める。
> ②先行詞を受ける人称代名詞を、それと同じ格の関係代名詞（＝疑問代名詞）に置き換える。
> ③関係代名詞を接続詞の位置（先行詞の後ろ）に移動する。

2文目の人称代名詞はhisで、このもとになっている名詞はa boyですから、a boyが先行詞です。ここから〈接続詞＋S＋V…〉が始まります。

まずは、接続詞である関係代名詞を決めます。人称代名詞がhisで所有格ですから、同じ格の関係代名詞whoseにします。

▶ whoの所有格がwhoseであることは、第13節 の表で確認してください。

所有格は、**後ろに必ず名詞を伴う**ことが大事です。ですから、関係代名

詞の所有格も後ろに名詞を伴い、〈所有格＋名詞〉の形になります。His eyesでまとまりになるのと同じように、whose eyesがまとまりになり、この語句全体が接続詞の働きをします。

　ここはwhose eyesが主語の働きを兼ねていますから、接続詞whose eyesのあとに主語は置かず、動詞が続きます。

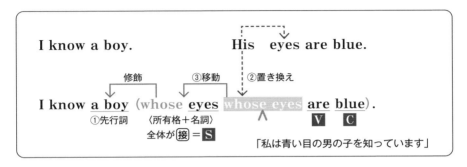

　この「青い目の少年」という表現は、形容詞句と形容詞節の書き換えで使いますので、書けるようにしておくといいですよ！

練習問題

次の２つの文を、関係代名詞を用いて１つの文にしなさい。また、できた英文を日本語になおしなさい。

(1) France is a country. Its food is famous.

(2) The song is on air. I cannot remember its title.

解答

(1) France is a country whose food is famous. ／フランスは、その料理が有名な国です。

(2) The song whose title I cannot remember is on air. ／曲名が思い出せない歌が流れています。

語句　(2) on air「放送中；流れている」／ title「曲名」

解説

　(1) 2文目の人称代名詞itsのもとになっている名詞a countryが先行詞です。Franceは先行詞になれないことを覚えていますか？　「名詞を修飾する→名詞の範囲を狭める、条件に合う名詞だけ取り出す♪ ➡ 第13節

英語の ツボ㉝」でしたね。ですから、固有名詞には修飾語がつきません。先行詞a countryのあとに〈接続詞＋S＋V…〉を続けます。itsは所有格なので所有格の関係代名詞whoseに置き換え、あとの名詞foodまでをまとめて接続詞の位置に移動します。whose foodは主語を兼ねているので、そのあとに主語は置けず、動詞のisが続きます。

France is <u>a country</u> (whose food∧is famous).

(2)2文目の人称代名詞itsのもとになっている名詞the songが先行詞です。このあとに〈接続詞＋S＋V…〉を続けます。itsは所有格なので所有格の関係代名詞whoseに置き換え、あとの名詞titleまでをまとめて接続詞の位置に移動します。whose titleは目的語を兼ねているので、〈S＋V〉のあとの目的語は置けません。

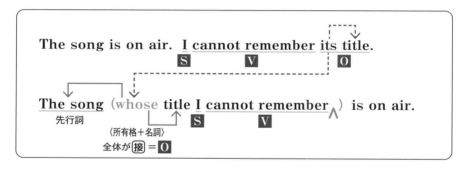

レッスン❷ **名詞節・副詞節・形容詞節の見分け方**

これで、中学校で学ぶ「節」がすべて出そろったので、**第12節**でまとめた名詞節と副詞節に、形容詞節を加えます。

まず、**第12節**で書いた整理表①に、「形容詞節」を加え、「節」を少し詳しく書いてバージョンアップします。

◆句と節の整理表②

	語	句	節
名詞	pen book など	・to＋動詞の原形（不定詞） ・動詞のing形（動名詞）	・that＋S V ・when＋S V（間接疑問） ・who＋S V（間接疑問） ・which＋S V（間接疑問）
副詞	well quickly など	・前置詞＋名詞 ・to＋動詞の原形（不定詞）	・when＋S V ・if＋S V ・because＋S V ・so ～ that＋S V　など
形容詞	happy new など	・前置詞＋名詞 ・to＋動詞の原形（不定詞）	・that＋S V（関係代名詞） ・who＋S V（関係代名詞） ・which＋S V（関係代名詞）

　「句や節は、同じ形で一人3役（名詞・副詞・形容詞）をこなす♪」➡第6節 英語のツボ⑳」ということについては、以前から何度もお話ししています。その見分け方を図にしてみます。

◆節の見分け方

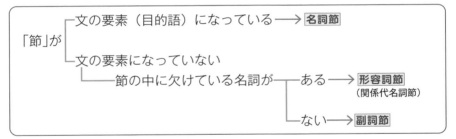

　名詞と副詞の区別は、主節の動詞の性質で見分けがつきましたが、ここに形容詞が加わると、まず、**「節」が文の要素になるかならないか**の判断から始まります。**要素になる**ということは**名詞**ということ、**要素にならない**ということは**副詞**もしくは**形容詞**ということです。

　中学校では、名詞節が目的語になるものだけを扱いますので、他のあとに節があれば名詞節、これは今までどおりです。そうでなければ、副詞節か形容詞節かを見分けることになりますが、これは簡単ですよ。**関係代名詞を用いた形容詞節は、関係代名詞のあとに名詞が1つ欠けています。副詞節は欠けている名詞がありません。**

175

◆英文は文全体の構造を見ることが大事

文の構造を考える前に訳をしてしまう人は、 第6節 でも説明したように、節をカッコでくくって封印することをおすすめします（副詞節なら（　　）、名詞節なら ［　　］ など）。「節が文の要素になるかどうか」、つまり「⑩の目的語になっているかどうか」からスタートですよ！

また、もう1つ大事なことがあります。

英語の ツボ ㊳
◆英文全体を視野に入れる♪

英文の「一部分」しか見ない人は、どれだけ練習をしても英語が上達しません。名詞のあとに接続詞があったら、何でも関係代名詞に見えてしまう人は、英文全体が視野に入っていない人です。

英文全体を視野に入れるコツは、主節の動詞を見つけることです。つまり、主語から見つけるのではなく、動詞を見つけることです。そして、その動詞の性質（⑩か⑪か）を手がかりに、節が文の要素になるのかならないのかを見分けてください。

英語の ツボ ㊴
◆英文全体を視野に入れるコツは、主節の動詞を見つけること♪　主語から見つけない♪

以上のことを踏まえて、次の問題をやってみましょう。

練習問題

次の各組の英文を日本語になおしなさい。

(1)① Do you know that the man visited you last night?

　② Do you know the man that visited you last night?

(2)① I asked him who made me this dress.

　② I want to see the person who made me this dress.

(3)① Mr. Kato told his students that they would take an English test on Mondays.

　② Mr. Kato is so kind to his students that he is liked by them.

　③ I know the students that Mr. Kato teaches English.

解答

(1)① あなたは、その男性が昨夜あなたを訪ねたのを知っていますか。

　② あなたは、昨夜あなたを訪ねた男性を知っていますか。

(2)① 私は彼に、だれが私にこのドレスを作ってくれたのかたずねました。

　② 私にこのドレスを作ってくれた人に会いたい。

(3)① 加藤先生は生徒に月曜日は英語のテストがあるよ、と言いました。

　② 加藤先生は生徒にとても親切なので、生徒に好かれています。

　③ 私は加藤先生が英語を教えている生徒を知っています。

語句 (2) dress「ドレス」 ／ person「人」 (3) be kind to ～「～に親切にする」

解説

(1)2つの文は the man と that の位置が違うだけで、他の部分はすべて同じです。

(2)ask が目的語を2つとる重要な動詞だったのは覚えていますか？ 第8節 、 第11節 で学んだ、直接話法から間接話法への書き換えで、ask と tell は人を目的語にとる重要な動詞、目的語を2つとる動詞と説明しました。この2つの動詞は使い方がとても似ていましたね。したがって、①の節は名詞節です。②は不定詞になっている see が目的語を1つとる他で、その目的語が the person ですから、節は修飾語になります。

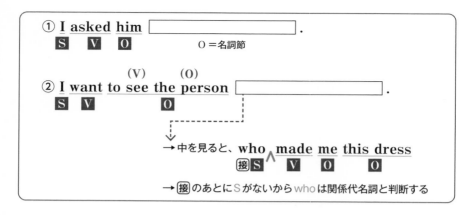

（3）どの文もstudentsのあとに接続詞のthatがあります。

① tellはaskと同様、目的語を2つとる、人を目的語にとる大事な動詞でしたね。ですから、that節は目的語になる名詞節です。

② 主節の動詞はisですから、あとに補語としての形容詞があれば、もう他の要素は不要です。that節は修飾語です。that節の中は受動態の文です。受動態は他の目的語を主語にした文ですから、目的語がない状態ですべての名詞がそろっていることになります。そして、kindの前のsoに気づいていましたか？　副詞soと副詞節を導くthatはセットでした。

③主節の動詞knowは目的語を1つとる他で、その目的語がthe studentsです。ですから、that節は修飾語です。that節の中の名詞が1つ欠けているのはわかりましたか？　〈teach＋人＋物〉の「人」がありませんね。これが関係代名詞thatに移動しています。副詞節のthatは必ず副詞のsoと一緒に用いますから、このthat節は副詞節ではありません。形容詞節です。

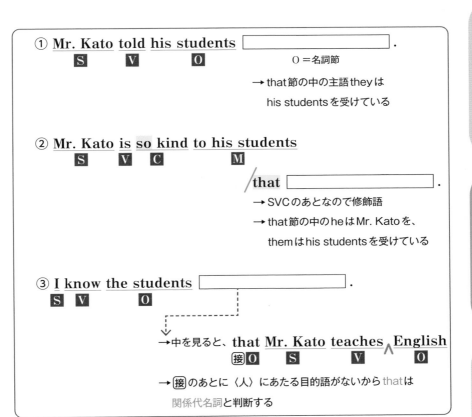

① <u>Mr. Kato</u> <u>told</u> <u>his students</u> [　　　　　　　　　].
　　S　　　　V　　　　O
　　　　　　　　　　　　　　　　　　　O ＝名詞節

　　　　　　　　　　　　　　→ that 節の中の主語they は

　　　　　　　　　　　　　　　his students を受けている

② <u>Mr. Kato</u> <u>is</u> <u>so kind</u> <u>to his students</u>
　　S　　　　V　　C　　　　M

　　　　　　　　　　　　　/ that [　　　　　　　　　].

　　　　　　　　　　　　　→ SVCのあとなので修飾語

　　　　　　　　　　　　　→ that 節の中のhe はMr. Kato を、

　　　　　　　　　　　　　　them はhis students を受けている

③ <u>I</u> <u>know</u> <u>the students</u> [　　　　　　　　　].
　　S　　V　　　　O

　　　　　　　　　　　　　→ 中を見ると、that <u>Mr. Kato</u> <u>teaches</u> ∧ <u>English</u>
　　　　　　　　　　　　　　　　　　　[接]O　　　S　　　　V　　　　O

　　　　　　　　　　　　　→ [接]のあとに〈人〉にあたる目的語がないからthat は

　　　　　　　　　　　　　　関係代名詞と判断する

第15節 分詞

☑ 形容詞の働きを知る ▶1
☑ 準動詞である現在分詞と過去分詞の働きを知る ▶2
☑ 現在分詞や過去分詞で名詞を修飾する文を作る ▶3

今回で「句・節」の学習は最後です。形容詞句にあたる分詞を学びます。

レッスン1 形容詞の働き

まずは確認です。形容詞の働きは何でしたか？

> 関係代名詞を学んだあとに、今さらですか？ もちろん、名詞を修飾するものです！

もう１つありましたね？

> えーっと…何でしたっけ？ 補語…ですか？

はい、そうです。よく思い出してくれました。

▶形容詞の働き

①前から名詞を修飾する

例 The tall girl is Emi.　　　「背の高いその女の子はエミです」

▶tallは前から名詞を修飾している

②単独で補語（C）になる

例 The girl is tall.　　　「その女の子は背が高い」

▶tallは補語になっている

レッスン2 準動詞としての分詞

「分詞」という言葉は初めてではないのですが、どこで聞いたか覚えていますか？

> 受動態と現在完了で過去分詞を使いました。あと、進行形で用いる動詞の -ing 形は現在分詞ですよね。

そうですね。進行形で用いる動詞の -ing 形は現在分詞です。「現在分詞」、「過去分詞」という名前でも、時制と関係ないことはわかりますね。現在形の受動態の文でも過去分詞を使いましたし、過去進行形でも現在分詞を使いました。

分詞も準動詞の1つです。準動詞の性質を思い出しましょう。

「準動詞の性質♪

①自／他の性質を保ったまま、句を作る♪

（動詞はどんな語形になっても、後ろに続く形は一定♪

➡ 第6節 英語の ツボ⑲」）

②句は、名詞・副詞・形容詞の働きをする♪ ➡ 第6節 英語の ツボ⑱」

でしたね。

進行形と受動態の文で、準動詞の性質を確認しましょう。

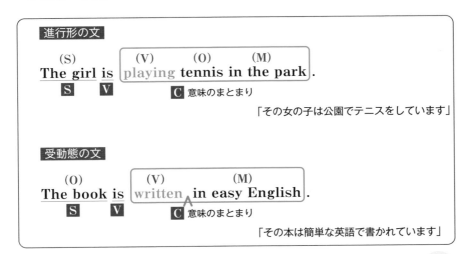

進行形の文

(S) The girl is | (V) playing (O) tennis (M) in the park | .
S　　　V　　　　　C 意味のまとまり

「その女の子は公園でテニスをしています」

受動態の文

(O) The book is | (V) written (M) in easy English | .
S　　　V　　　　　C 意味のまとまり

「その本は簡単な英語で書かれています」

進行形の文では、⑩のplay（playing）が、あとに目的語のtennis、修飾語のin the parkを伴って、「公園でテニスをしている」という「意味のまとまり」を作っています。極端な言い方になりますが、これがbe動詞の補語になっていると考えてみてください。

受動態の文では、受動態を作っている⑩write（written）の目的語が主語に移動していますが、修飾語のin easy Englishを伴って、「簡単な英語で書かれている」という「意味のまとまり」を作っています。進行形の文と同じように、これがbe動詞の補語になっていると考えましょう。

レッスン3　名詞を修飾する分詞

進行形や受動態で用いた、分詞から始まる「意味のまとまり」を、be動詞の補語になる形容詞句と考えるならば、この形容詞句が名詞を修飾することもできそうですね。

1 の「形容詞の働き」で示した文例のtallを、現在分詞を使ったplaying tennis in the parkに置き換えてみます。ただし、2語以上の「句」で修飾しますので、名詞の前ではなく名詞の直後に置きます。

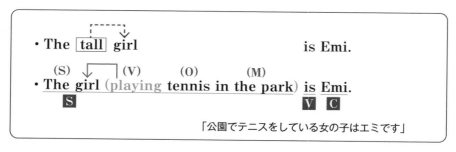

・The tall girl is Emi.

・The girl (playing tennis in the park) is Emi.
(S) (V) (O) (M)
S　V　C

「公園でテニスをしている女の子はエミです」

同様に過去分詞を使ったwritten in easy Englishを、同じように名詞を修飾した文にしてみます。

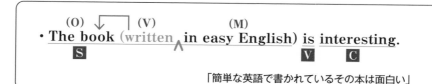

・The book (written in easy English) is interesting.
(O) (V) (M)
S　V　C

「簡単な英語で書かれているその本は面白い」

分詞は名詞と動詞の関係性を表しています。現在分詞は能動関係、過去

分詞は受動関係です。

これで、現在分詞と過去分詞の使い分けが理解できましたか？

英語の ツボ⑳

◆分詞は名詞と動詞の関係性を表すもの♪
〈S＋V〉関係→現在分詞／〈O＋V〉関係→過去分詞

先ほどの文例で確認しましょう。

playingで修飾されているthe girlは、進行形の文ではplayの主語でしたね。writtenで修飾されているthe bookは受動態の主語、つまりもともとはwriteの目的語だったはずです。

受動態のときに、「受動態→他動詞なのに、後ろに名詞がない♪ ➡ 第5節 英語の ツボ⑯」と言いました。実はこれが、〈O＋V〉関係の感覚です。

英語の ツボ㊶

◆他動詞なのに後ろに名詞がない→〈O＋V〉関係→過去分詞の登場♪

練習問題 ❶

次の日本語に合うように、（　　　）内の語句を並べ替えなさい。

(1) 英語を勉強している生徒
（ English / the student / studying ）

(2) テーブルの下で横たわっているネコ
（ the table / lying / the cat / under ）

(3) 日本製の車
（ Japan / made / a car / in ）

(4) 中古車
（ used / car / a ）

(5) 彼女が描いた絵
（ picture / drawn / her / a / by ）

解答

(1) the student studying English
(2) the cat lying under the table

(3) a car made in Japan

(4) a used car

(5) a picture drawn by her

語句　(2) lie「横たわる」〈lying 過去分詞〉　(5) draw「〜を描く」〈drawn 過去分詞〉

解説

　いつもどおり、日本語の名詞を修飾している部分に（　　）を入れてみましょう。句で名詞を修飾するときは、名詞の後ろからです。同時に、名詞と分詞の関係が〈S＋V〉なのか、〈O＋V〉なのかに注目します。

　(1)「（英語を勉強している）生徒」なので、the student を studying English が後ろから修飾します。the student と study は〈S＋V〉関係です。他 study の目的語が後ろに残っていますね。

　(2)「（テーブルの下で横たわっている）ネコ」なので、the cat を lying under the table が後ろから修飾します。lie は自です。the cat と lie は〈S＋V〉関係です。自なのでもともと目的語はありません。

　(3)「（日本製の）車」なので、a car を made in Japan「日本で製造された」が後ろから修飾します。他 make の目的語が修飾される名詞の a car です。他 のあとに目的語がないので〈O＋V〉関係です。

　(4)「（中古）車」は、「（古い）車」ということですよね。an old car と同じです。old のかわりに used という形容詞を使っていることになります。形容詞1語のときは、前から名詞を修飾しますから、a used car の語順にします。〈限定詞（冠詞や所有格）＋形容詞＋名詞〉の語順を思い出しましょう。

　(5)「（彼女が描いた）絵」なので、a picture を drawn by her が後ろから修飾します。他 draw の目的語が修飾される名詞の a picture です。他 のあとに目的語がないのが〈O＋V〉関係です。

練習問題 ❷

次の英文の（　　）内の動詞を現在分詞か過去分詞に変え、できた英文を日本語になおしなさい。

(1) Look at the man (take) pictures.

(2) The pictures (take) by him are beautiful.

(3) The woman (sit) on the bench is reading a book.

(4) I have had a dog (call) Komugi since last year.

(5) There were a lot of (excite) people in the baseball stadium.
(6) There are a lot of (excite) programs on Channel 5.

(1) taking ／写真を撮っている男の人をごらんなさい。

(2) taken ／彼が撮った写真は美しい。

(3) sitting ／ベンチに座っている女性は、本を読んでいます。

(4) called ／私は去年から、コムギという犬を飼っています。

(5) excited ／その野球場には、興奮した人がたくさんいました。

(6) exciting ／5 チャンネルには、わくわくするような番組がたくさんあ
ります。

語句　(1) take a picture「写真を撮る」　(3) bench「ベンチ」　(5) excite「～を興奮させる」
／ baseball stadium「野球場」　(6) program「番組」／ channel「チャンネル」

現在分詞にするか、過去分詞にするかを判断する問題です。

まず、修飾される名詞と動詞の関係を考えます。(　　)内の動詞が⑯な
のか⑯なのかを判断し、⑯なのに後ろに名詞がなければ〈O＋V〉関係
ですから過去分詞ですね。

英文の修飾部分に（　　）を入れてみましょう。骨組みの文が見えやす
くなります。

(1)Look at the man (taking pictures).

⑯take の目的語が後ろに残っていますから、修飾される名詞 the man
と take は〈S＋V〉関係です。

(2)The pictures (taken by him) are beautiful.

⑯take の目的語が後ろにありません。修飾される名詞の the pictures
と take は〈O＋V〉関係です。句には時制を含まないので、時制のある
are は句に含まれません。よって、修飾部分の句は him までです。

(3)The woman (sitting on the bench) is reading a book.

sit は⑯なので、the woman と sit は〈S＋V〉関係です。

(4)I have had a dog (called Komugi) since last year.

〈call＋O＋C〉「OをCと呼ぶ」のOにあたる名詞がありません。a
dog が call の目的語なので、〈O＋V〉関係です。since last year は、現
在完了の have had a dog を修飾しています。

第13節 関係代名詞（形容詞節）(1)
第14節 関係代名詞（形容詞節）(2)と節のまとめ
第15節 分詞
第16節 形容詞句・形容詞節のまとめ

⑸There were a lot of（excited）people in the baseball stadium.

⑹There are a lot of（exciting）programs on Channel 5.

　⑸と⑹は同じような文です。このexciteはa lot ofと複数名詞の間にあるので、先ほどの ■練習問題 ❶ のa used car同様、前から1語で後ろの名詞を修飾する形容詞の働きです。受動態のときに学んだsurpriseやinterestと同じで、「物」が主語、「人」が目的語の⑩です。「〔物などが〕〔人〕を興奮させる」の意味です。ですから、「物」とexciteは〈S＋V〉関係、「人」とexciteは〈O＋V〉関係になります。

A lot of programs（S）　excite（V）　a lot of people（O）

▶「物」とexciteは〈S＋V〉関係なので、a lot of exciting programs

▶「人」とexciteは〈O＋V〉関係なので、a lot of excited people

　■練習問題 ❷ では、現在分詞になるか過去分詞になるかに注意を払ってもらい、訳すことで英文の構造をつかんでもらいました。次に、そもそも分詞にするべきかどうかを考えてもらう問題をやってみましょう。

■例題

次の英文の（　　）内から適当な語を選びなさい。また、できた英文を日本語になおしなさい。

⑴The lady（rode, riding）a bike talked to me suddenly.

⑵The lady（sat, sitting）on the chair made of wood.

■解答

⑴riding ／自転車に乗っている女性が突然私に話しかけてきました。

⑵sat ／その女性は木製の椅子に座りました。

■語句 ⑴ suddenly「突然」

■解説

　⑴過去形rodeと現在分詞ridingのどちらを使うか判断する問題です。

ride-rode-ridden と変化しますから、「その女性は自転車に乗った」なのか、「自転車に乗っているその女性」なのかを判断するのですね。どちらもいけそうです…。

前の節でも「英文全体を視野に入れる♪→ 第**14**節 **英語の ツボ㊲**」と言いましたね。そして、「Ｖ（時制）を見つければ、文の構造がわかる♪→ 第**6**節 **英語の ツボ㉒**」も、前に説明していますよ。

主語から見つけようとする人は、文の構造が見えていません。Ｖ（時制）を見つけてください。Ｖ（時制）は節に１つしかありません。そこから見つけてください。

talkedは過去形ですか？　それとも過去分詞ですか？

talk は圓だから、過去形です！　そして、前の名詞を修飾できないので、talked がＶです。

よくできました。Ｖの前がＳなので、**riding**で主語のthe lady を修飾しています。

> (S) (V) (O)
> The lady (riding a bike) talked to me suddenly.
> 　Ｓ　　　　　　　　　　　Ｖ　　Ｍ　　　Ｍ

⑵Ｖから見つけてくださいね！

made があります。これも過去形と過去分詞が同じ形ですね！

過去形か過去分詞か、どちらかわかりますか？

過去分詞です！　makeは⑩なのに、後ろに名詞がありません！

　すばらしいですね！　英語の基礎がしっかり身についていますね。この madeは過去分詞で前の名詞を修飾しますから、satがＶです。

The lady sat on the chair (made of wood).
　S　　V　　　　　　　　M
(O)　(V)　(M)

練習問題 ❸

次の日本語に合うように、(　　)内の語句を並べ替えなさい。ただし、下線の動詞を適当な形に変えて用いること。

(1) あなたの国で話されている言語は何ですか。

　What (speak / your country / the language / is / in)?

(2) 父が「禁煙」と書いてある表示を書きました。

　My father (say / write / the sign / "NO SMOKING") .

(3) 湖のほとりに建っているホテルは築20年です。

　(build / stand / the lake / the hotel / was / on) twenty years ago.

(4) ここから見える朝日は美しい。

　(see / rise / from here / sun / beautiful / the / is).

解答

(1) is the language spoken in your country

(2) wrote the sign saying "NO SMOKING"

(3) The hotel standing on the lake was built

(4) The rising sun seen from here is beautiful

語句 (2) sign「表示」　／　"NO SMOKING"「禁煙」

解説

　日本語の名詞を修飾している部分に (　　) を入れます。言われなくてもそうするクセをつけてくださいね。

(1)「(あなたの国で話されている) 言語は何ですか」なので、「言語は何ですか」の What is the language? が骨組みの英文です。the language を、speak を用いて修飾します。speak は言語名を目的語にとる⑩ですから、language と speak は〈O＋V〉関係です。過去分詞で修飾するので speak を spoken にします。

　(2)「父が (「禁煙」と書いてある) 表示を書きました」なので、「父が表示を書きました」の My father wrote the sign. が骨組みの英文です。

　「書いてある」と「書きました」の区別を整理しておきます。

　say と write を区別しましょう。

write ⑩	〔人が〕〔手紙など〕を書く
say ⑩	〔手紙などに〕〜と書いてある

　write の目的語にあたるものが say の主語になり、書いてある内容が say の目的語になるということです。ですから、骨組みの文は My father wrote the sign. です。この the sign を、say を用いて修飾します。The sign と say は〈S＋V〉関係なので、現在分詞 saying で修飾しますよ！

My father wrote the sign.　「父はその表示を書きました」
　S　　　V　　　　O

The sign said "NO SMOKING".
　S　　　V　　　　　O

「その表示は『禁煙』と書いてありました」

　(3)build と stand は、どちらも同じような意味に思えるかもしれませんが、これも区別しておきましょう。

build ⑩	〔人が〕〔建物〕を建設する
stand ⓐ	〔建物が〕存在している

　stand は存在の be 動詞と同じと思えばよいですよ。

　「(湖のほとりに建っている) ホテルは築20年です」なので、骨組みは

「ホテルは築20年です」。これを、buildを使って書くので、骨組みの文は受動態のThe hotel was <u>built</u> twenty years ago. です。the hotelはstandを用いて修飾します。the hotelとstandが〈S + V〉関係なので、現在分詞<u>standing</u>で修飾します。

> **They built a hotel.**
> S   V   O
>
> **The hotel stands on the lake.**
>   S   V   M

　(4)「（ここから見える）朝日は美しい」の「朝日」をどうやって表すか迷った人がいそうですね。riseは「昇る」という圓です。the rising sunと聞いたことがある人も多いはずです。risingが1語なので、普通の形容詞の位置です。The <u>rising</u> sun is beautiful. が骨組みの英文ですね。the rising sunとseeの関係は〈O + V〉関係なので、過去分詞<u>seen</u>で修飾します。

MEMO

■■ **イントロダクション** ■■

☑ 修飾される名詞と形容詞句・形容詞節の関係を知る ▶ 1

☑ 形容詞句や形容詞節を含む文を書き換える ▶ 2

　今回は、形容詞句・形容詞節のまとめになります。

> レッスン **1**　修飾される名詞と形容詞句・形容詞節の関係

　前回で形容詞句と形容詞節もすべて学び終えたので、どんなものがあったか、いつもの整理表に書き込んでみましょう。

◆句と節の整理表③

	語	句	節
形容詞	happy new など	・前置詞＋名詞 ・to＋動詞の原形（不定詞） ・現在分詞（動詞の-ing形） ・過去分詞（-edなど）	・that＋S V（関係代名詞） ・who＋S V（関係代名詞） ・which＋S V（関係代名詞）

　形容詞句の中でしっかり復習していなかった、不定詞の形容詞的用法を学びます。分詞を勉強したあとで改めて振り返ると、感慨深いものがあります。

　2年生で学習する不定詞の形容詞的用法の、修飾される名詞と不定詞には次の3つの関係があります。

◆修飾される名詞と不定詞の関係

①〈O＋V〉関係	例　a book to read 例　a house to live in
②〈S＋V〉関係	例　someone to help me
③決まった表現	〈time to ＋動詞の原形〉「〜する時間」 〈a way to ＋動詞の原形〉「〜する方法」 〈a chance to ＋動詞の原形〉「〜する機会」など

▶①の〈O＋V〉関係が一番多いです。

何か気づくことはありませんか？

〈O＋V〉関係と〈S＋V〉関係を、分詞のときにたくさん学びました！

　そうなのです！　形容詞句や形容詞節で確認しなければならないことは、「修飾される名詞」と「句や節の中で使われている動詞」との関係性なのです。

　文例を使いながら確認するほうがわかりやすいので、問題を解きながら説明していきます。

①〈O＋V〉関係

例題❶

次の日本語に合うように、（　　）内の語句を並べ替えなさい。

(1) 私には書かなければならない手紙がある。

　　I have a (write / letter / to).

(2) これは英語で書いてある手紙です。

　　This is (English / written / a letter / in).

(3) これは父が書いた手紙です。

　　This is (my father / a letter / wrote / that).

解答

(1) letter to write

(2) a letter written in English

(3) a letter that my father wrote

解説

　いつものように、骨組みから書いていきます。日本語の名詞を修飾している部分を、（　　）でくくりましょう。

　(1)「私には（書かなければならない）手紙がある」なので、I have a letter.が骨組みの英文です。a letterを不定詞 to writeで修飾します。

　(2)「これは（英語で書いてある）手紙です」なので、This is a letter.が骨組みの英文です。a letterを過去分詞 writtenで修飾します。過去分

詞で名詞を修飾するときは、名詞と〈O＋V〉関係がありましたね。

（3）「これは（父が書いた）手紙です」なので、This is a letter.が骨組みの英文です。a letterを関係代名詞で修飾します。先行詞はwriteの目的語なので、目的格のthatになります。

　この例題は、修飾される名詞をa letterで統一してみました。修飾方法は違いますが、a letterがwriteの目的語だということがわかりますか？準動詞の説明のときに、「動詞はどんな語形になっても、後ろに続く形は一定♪→第6節 英語の ツボ⑲」と伝えましたよね。

　不定詞で名詞を修飾するということは、to write a letterのa letterが修飾される名詞となって移動したわけです。

　過去分詞の場合は、他writeの使い方に従って書いたwrite a letter in Englishがもとになり、a letterを修飾される名詞として移動させたため、過去分詞で修飾することになりました。

　関係代名詞の場合は、2つの文に分けたら、名詞を修飾するほうの文がMy father wrote the letter. であることがわかりますね。このthe letterが関係代名詞thatとなり、接続詞の位置に移動したのでした。

 不定詞でも過去分詞でも、修飾される名詞は〈O＋V〉になります。しかも、不定詞は、〈O＋V〉関係が多かったですよね？　この2つの修飾方法は、何が違うのですか？

　いい質問ですね！　〈to ＋動詞の原形〉は、そもそも「～の方向に進んでいる」という意味でしたから、不定詞は未来に向かう意味でこれからやることを述べるのでした。ですので、a letter to writeは「返事を書かなければならないのに、まだ書いてない」、というイメージの手紙です。

　ですが、過去分詞はもうやっていることなのです。時制を表す語形ではありませんが、現在完了のときにも用いた語形ですから、すでに動作が完了していることを表します。「英語で書かれた手紙」は、もうそこに存在しているものなので、だれかがどこかで書いた手紙になります。

② 〈S＋V〉関係

　〈S＋V〉関係も問題を解きながら見ていきましょう。

例題 ❷

次の日本語に合うように、（　　）内の語句を並べ替えなさい。

⑴ 私は、この手紙を読んでくれる人が必要です。

I (this letter / read / someone / need / to).

⑵ 手紙を読んでいる女性が、窓のそばに座っています。

(by / a letter / is / reading / a lady / sitting) the window.

⑶ 窓のそばで手紙を読んでいる女性は、私の姉です。

(by / a letter / is / is / reading / the lady / the window / who)
my sister.

解答

⑴ need someone to read this letter

⑵ A lady reading a letter is sitting by

⑶ The lady who is reading a letter by the window is

解説

　日本語の名詞を修飾している部分を、（　　）でくくり、骨組みから考えていきます。

　⑴「私は、（この手紙を読んでくれる）人が必要です」なので、骨組みの英文はI need someone. です。someoneを不定詞で修飾します。

　⑵「（手紙を読んでいる）女性が、窓のそばに座っています」なので、骨組みの英文はA lady is sitting by the window. です。a ladyを後ろから分詞で修飾します。現在分詞で名詞を修飾するときは、名詞と〈S＋V〉関係があります。

　⑶「（窓のそばで手紙を読んでいる）女性は、私の姉です」なので、骨組みの英文はThe lady is my sister. です。the ladyを後ろから関係代名詞で修飾します。先行詞はis readingの主語なので、主格のwhoになります。

　どの文例も、someoneもしくはa[the] lady がreadの主語にあたる人であることが確認できますか？　もちろん今回も、不定詞で表していることは「これからすること」、現在分詞で表していることは、「動作が進行中であること」を意味します。

　「修飾される名詞」と、「句や節の中で使われている動詞」との関係性を確認するということは、次のようにまとめられます。

英語の ツボ㊷

◆修飾される名詞が、形容詞句や形容詞節の中で、もともと
　何の働きをしていたのかを考える♪　主語だったのか目的
　語だったのか♪

　節の場合、つまりは関係代名詞節の場合はそれが明確ですね。関係代名
詞のあとは、修飾される名詞がもともとあった部分が欠けた文が続きまし
た。「関係代名詞のあとは名詞が１つ欠けている♪ ➡ 第13節 英語の ツボ㉞」
は、くり返し説明した内容ですよ。

③決まった表現

　不定詞で名詞を修飾する場合で、いくつか覚えてほしいものがあります。

〈time to ＋動詞の原形〉	「～する時間」
〈a way to ＋動詞の原形〉	「～する方法」
〈a chance to ＋動詞の原形〉	「～する機会」

確認しよう

・He had **no time to** watch TV.

　　　　　「彼はテレビを見る時間がありませんでした」

このパターンの形容詞節はないのですか？

　ありますよ。ただし、中学では形容詞句の決まったパターンのみを学習
します。それ以外については高校生になったら学ぶので、そのときをお楽
しみに。
　では、修飾される名詞が、形容詞句・形容詞節の中で主語だったのか、
目的語だったのかを考えながら問題を解いてみましょう。

練習問題

次の日本語に合うように、(　　　)内の語句を並べ替えなさい。ただし、1語不足している場合は補うこと。

(1) アームストロングは、最初に月面着陸しました。

Armstrong (the first / land / the moon / was / to / on).

(2) 私たちは彼と話し合うことは何もありませんでした。

We (talk / nothing / with / had / to) him. [1語不足]

(3) 何か車で運ぶものはありますか。

Do you (a car / in / carry / anything / have / to)?

(4) トムが描いた絵を見ると、私はうれしい気持ちになります。

(Tom / painted / the picture / makes / feel / me / by) happy.

(5) 私が住んでいる市は、工業都市として有名です。

(I / the city / famous / is / as / live) an industrial city. [1語不足]

解答

(1) was the first to land on the moon

(2) had nothing to talk about with　不足語＝ about

(3) have anything to carry in a car

(4) The picture painted by Tom makes me feel

(5) The city I live in is famous as　不足語＝ in

語句 (1) Armstrong「アームストロング(男性の名前)」／ first「最初の人」／ land「着陸する」　(3) carry「〜を運ぶ」　(5) industrial city「工業都市」

解説

(1) 今までは、日本語の名詞の修飾部分を (　　　) でくくって解いてきましたが、問題の日本語には名詞を修飾している部分が見当たりません。日本語の〈主語＋述語〉と、英語の〈S＋V〉がいつも一致するわけではないことは 第2節 でも説明しました。この問題に関しては、日本語から英文を作るのではなく、与えられている動詞からどんな英文ができるのかを考える必要があります。「最初に動詞に着目する♪鍵を握っているのは、すべて動詞♪→ 第2節 **英語の ツボ⑧**」ですね。

動詞は圓landとwasです。このうち時制があるもの、つまり英語のVになれるのはwasですから、Armstrong wasのあとに何が続くかを考え

197

ましょう。

　firstには名詞として「最初の人［物］」という意味があります。landが⾃なので、land on the moonで「月に着陸する」という表現になります。be動詞のあとは補語になる名詞や形容詞が続くので、**Armstrong was the first to land on the moon.** という文になります。

　firstがlandの主語にあたります。the firstは不定詞で修飾されることが多く、〈S＋V〉関係になります。この場合は不定詞なのに「すでにやったこと」を表しています。

　この英文はArmstrong landed on the moon first. と同じ意味になります。これなら日本語の〈主語＋動詞〉と、英語の〈S＋V〉が一致しますね（ただし、この文のfirstは副詞です）。

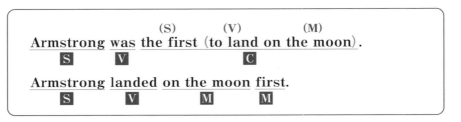

　(2)この問題も （　　） が入れにくいですが、hadが時制を持っているので、We had nothing. が骨組みの英文で、このnothingを不定詞で修飾します。不定詞の形容詞的用法は、somethingなどの不定代名詞を修飾することが多いので、ここまではわかりますね。あえて （　　） を入れるとすれば、「私たちは （彼と話し合う） ことは何もありませんでした」になります。

なんか変な日本語になってしまいますね。

　そうですね。これは不足する１語が大事です。
　talkは⾃で後ろに〈前置詞＋名詞〉が続くので、to talk with himです。修飾される名詞が形容詞句の中で何の働きをしているかがポイントです。さすがに、nothingはtalkの主語ではありませんよね。ですから、**talk about** 〜「〜について話す」の「〜」にあたる名詞nothingが、修飾され

る名詞となって前に移動します。aboutが不足語です。

「動詞はどんな語形になっても、後ろに続く形は一定♪ ➡ 第6節
英語の ツボ⑲」を常に意識しながら、どの名詞が前に移動したのかな、と
考えることが大事です。

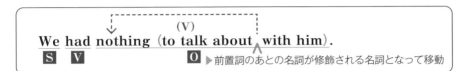

（3）これも（2）と同様に、骨組みの英文はDo you have anything? です。
anythingを不定詞で修飾します。carryとanythingの関係を考えればよ
いわけです。carryは他で「～を運ぶ」だから、carryの目的語が
anythingです。

この問題は、他の目的語が修飾される名詞でした。前置詞の目的語では
ありませんね。

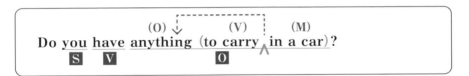

（4）「（トムが描いた）絵を見ると、私はうれしい気持ちになります」と
くくってしまうと英文が作りにくそうなのはわかりますか？　この問題も
骨組みが日本語とずれています。

形容詞が単独で使われているのは、補語の証拠です。また、時制がある
のはmakesなので、骨組みがどうなるかわかりますか？

makes me happy だと思いましたが、そうすると feel
が余ってしまいます。

そうですね。makes me happyで十分通じるのですが、この問題には
総合的な学習内容も盛り込んで少し難しくなっています。 第8節 で学んだ、
使役動詞のmakeを思い出してください！

なるほど！　そうすると、makes me feel happy ですか？

いいですね。me feel happyに〈ＳＶＣ〉の関係がありますね。

それでは、残りの単語で主語を作ります。the pictureを修飾するのですが、「（トムが描いた）絵」だから、pictureはpaintの目的語です。

The picture（Tom painted）で、関係代名詞目的格の省略…、今度は by が残っています！

paintedを過去分詞と考えればうまく使えます。The picture painted by Tom makes me feel happy. という文になりますよ。

こんな文が作れるなんて、感動です！

だんだん３年間の集大成になってきますね。

> (O)　　　　　(V)　　　　(S)　　　　　(S)　(V)　(C)
> **The picture（painted by Tom）makes me feel happy.**
> 　　　　S　　　　　　　　　　V　　O　原形不定詞

「トムが描いた絵」が難しいのは、２つの原因があります。

１つ目の原因は、動詞paintの過去形と過去分詞が同じだということ。paintのかわりにdrawを用いると、the picture Tom drewとthe picture drawn by Tomとなり、drewとdrawnの語形から、関係代名詞で修飾しているのか、過去分詞で修飾しているのかがわかりやすくなります。

２つ目の原因は、Tomが主格と目的格で同じだからです。「彼が描いた

絵」になったとたん、the picture he painted と the picture painted by him となり、今度は he と him の語形から、関係代名詞による修飾なのか、過去分詞による修飾なのかがわかるはずです。

(5)「(私が住んでいる) 市は、工業都市として有名です」なので、骨組みの英文は The city is famous as an industrial city. で、主語の the city を修飾します。これは(4)と違い、主格の I が見えているので、安心して関係代名詞と考えられますね。

「私が住んでいる」は、I live ではダメなんですか？
1 語不足とは、関係代名詞のことですか？

The city が関係代名詞節の中で何の働きをしていたのか考えましょう。関係代名詞なのだから、どこの名詞が欠けているのか考えてください！

〈S＋V〉が続いていたら目的格、という考え方はダメなのでした！

そうですね。live は⾃です。I live in the city. の the city が前に移動したのだから、in を補う必要があります。

The city (I live in⌃) is famous as an industrial city.
　　　S　　　　　　　 　V　　 C　　　　　　　 M

レッスン2 形容詞句と形容詞節

名詞句と名詞節、副詞句と副詞節のところでも説明しましたが、形容詞句と形容詞節は形容詞の働きであることは同じです。

句と節の書き換えの前に、分詞と関係代名詞の関係を伝えておきます。1 の 例題❷ の「手紙を読んでいる女性」の解説で気づいた人も多いかもしれませんが、分詞＝〈主格の関係代名詞＋be動詞〉をセットで省略したものです。進行形や受動態のbe動詞以下を直接名詞にくっつけたものが分詞ですから、結果的にそういう形になるはずです。

ただ、これを言うと、主格の関係代名詞も省略できる、と勘違いする人がいますが、そうではありませんからね！　単独で省略できる関係代名詞は目的格のみです。

また、〈関係代名詞の主格＋受動態の文〉は、〈関係代名詞の目的格＋能動態の文〉に書き換えが可能です。

典型的な書き換えをやってみましょう。

練習問題 ❶

次の各組の英文が、ほぼ同じ内容になるように、（　　）内に適当な語を書きなさい。

(1) This is a picture taken by him last year.
　① This is a picture (　　　)(　　　) taken by him last year.
　② This is a picture (　　　)(　　　) last year.
(2) I know a girl who has blue eyes.
　① I know a girl (　　　) blue eyes.
　② I know a girl (　　　)(　　　) are blue.

解答

(1)① that[which] was ② he took ／「これは、去年彼が撮った［彼によって撮られた］写真です」
(2)① with ② whose eyes ／「私は青い目の女の子を知っています」

解説

(1)1文目は、分詞がa pictureを修飾している文です。
　①は〈主格の関係代名詞＋be動詞〉を補います。last yearとあるの

で、be動詞の時制は過去です。

②は、which was taken by himという受動態の部分を、**he took**という能動態にして関係代名詞の目的格を省略した形にします。a pictureという名詞を修飾する文が、It was taken by him last year. からHe took it last year. になったということです。主格のあとに受動態が続いている場合は、能動態にすれば目的格になることは理解できると思います。

(2)①は前置詞with「～を持っている」を用い、〈前置詞＋名詞〉で直前の名詞を修飾します。これを動詞のhaveで表現したのが1文目ですね。1年生の頃、haveの文は所有格を用いた文に書き換えられる、と教えてもらったことがあるかもしれません。She has blue eyes. はHer eyes are blue. に書き換えが可能です。ですから、②は所有格の関係代名詞を用いて、**whose eyes**で表します。

①でhasだと思った人は要注意です。これは、1文目の主格の関係代名詞を省略した形で、間違いです。**主格の関係代名詞は省略できません**！　I know a girl has blue eyes. は英文としては成り立ちます。ただし、I know [(that) a girl has blue eyes].「ある女性が青い目をしていることを私は知っている」と、まったく違う意味の英文になってしまいます。

ではこれが最後です。

■練習問題 ❶ で扱っていないポイントを確認して、形容詞句・形容詞節の学習を終わりにします。

■練習問題 ❷

次の日本語に合うように、（　　　）内の語句を並べ替えなさい。

(1) 私にこの中古車を売ってくれた人は、新しい車を買いたがっています。
(me / this / used / sold / to / the man / wants / who / car)
buy a new one.

(2) 母は僕に、温かい食べ物を持ってきてくれました。
My mother (me / hot / eat / something / brought / to).

(3) いつか息子が外国に行く機会があるでしょう。
There will be (my son / abroad / to / go / a chance / for)
someday.

(4) 間違いを恐れる人は、何も手に入れることはできないでしょう。

(won't / mistakes / be / afraid / a man / making / of) able to get anything.

(1) The man who sold me this used car wants to
(2) brought me something hot to eat
(3) a chance for my son to go abroad
(4) A man afraid of making mistakes won't be

語句　(4) mistake「間違い」／ afraid「こわがって」

解 説

(1)「（私にこの中古車を売ってくれた）人は、新しい車を買いたがっています」なので、The man wants to buy a new one. が骨組みの英文です。主語の the man を、関係代名詞 who で修飾します。who sold me のあとの「この中古車」は、〈限定詞＋形容詞＋名詞〉の語順で this used car で表します。a new one と同じ語順です。a new one の one はこの文脈上、car を指しています。

(2)「温かい食べ物」の表現はもう大丈夫ですか？　something などの不定代名詞は、形容詞をあとに置くのでしたね。something hot の語順を確認してください。bring は目的語を2つとることができます。something と eat は〈O＋V〉関係です。

(3)〈a chance to＋動詞の原形〉で「～する機会」という決まった表現です。この不定詞に意味上の主語がついた文です。不定詞の意味上の主語は、不定詞の直前に〈for A〉を置きました→第7節。不定詞の意味上の主語は、形容詞的用法にも副詞的用法にもつけることが可能です。abroad は「外国へ」という副詞でしたよ！　go to abroad ではありませんでしたね。

(4)「（間違いを恐れる）人は、何も手に入れることはできないでしょう」なので、A man won't be able to get anything. が骨組みの英文です。be はここで使いますよ！　「～を恐れる」は be afraid of ～なのでは…と思っている人がたくさんいると思います。A man who is afraid of making mistakes のwho isを省略した、a man afraid of making mistakesが答えになります。分詞は「主格の関係代名詞とそれに続くbe動詞を省略したもの」だと言いましたね。それと同じことをしただけです。be afraid of 〜 や、be good at 〜 のように、形容詞に前置詞句が続く熟語は分詞と同じように考えることができます。

第6節から句と節を学習してきました。名詞・副詞・形容詞をどのようにして見分けていくか、学習できたかと思います。ここまで学び、理解できると、「不定詞3用法の見分け」、「動名詞と現在分詞の見分け」も不要だと思います。

名詞・副詞・形容詞を、語・句・節に分けて表にしたものを、随所に書きました。しかし、勉強が進むにつれて、あることがわかってきます。それは、「**表を作っても意味がない**」ということです。

なぜだかわかりますか？

何度も言っていることですが、「句や節は、同じ形で一人3役（名詞・副詞・形容詞）をこなす♪➡第6節 英語の ツボ⑳」からです。

しかし、「句と節の整理表」に、学んだことを整理して書き込む作業をしたからこそ、もうその必要もないのだな、とわかるのです。高校の内容まで含めると、本当にこの整理表は無意味になってしまいますが、だからこそ、動詞の使い方を軸に「3役の使い分け」ができるようになってくださいね。

┣┅ イントロダクション ┅┫

☑ 直説法の文と仮定法の文を区別する 🔲①
☑ 〈仮定＋推量〉で表す仮定法過去の文を作る 🔲②
☑ I wish を用いた仮定法過去の文を作る 🔲③

今回は、事実と異なることを述べる言い方を学びましょう。

レッスン**1**　直説法と仮定法

「仮定法」とは**事実とは異なることを書く**文のことです。もっと簡単に言うと、「ウソをついている文」です。今までは、**事実をありのままに表現した**文だけを学んできました。その正直な文を英語では「直説法」といいます。

受動態は能動態と区別するために、動詞の語形を変えました。仮定法も同じです。直説法と区別するために、使う動詞の語形を変え、**直説法より1つ前の**時制を使います。現実から離れている距離感を、時制をずらすことで表現します。

英語の ツボ㊸

◆**仮定法→事実でないこと、現実に起こりそうにないことを述べる♪そのとき、動詞は直説法より1つ前の時制を用いる♪**

レッスン**2**　〈仮定＋推量〉で表す仮定法過去の文

◆ if を用いた仮定法過去の文

確認しよう

▶ **if を用いた仮定法過去の文の形**

〈If ＋ S′ ＋ V′（過去形）…, S ＋ <u>would[could]</u> ＋動詞の原形〜 .〉
「もし…なら、〜なのに」

▶仮定法過去の文例

例 If I practiced hard, I **would** win the game.

「もし一生懸命練習すれば、試合に勝つのに」

例 If I were a bird, I **could** fly to you.

「もし私が鳥なら、あなたのところに飛んでいけるのに」

〈If ＋ S ＋ V（過去形）…〉、ここが「仮定」を表している部分です。「もし一生懸命練習すれば」と仮定しているということは、実際は、「一生懸命練習していない」ということです。「もし鳥なら」は、人間が鳥に変身できるはずもないですから、あり得ないことを仮定しています。

そして、主節が「推量」の部分です。「推量」には助動詞が必要です。**would**や**could**が使われていますね。

「もし…なら、～なのに」のこのパターンが〈仮定＋推量〉で書いた仮定法の文です。

次は、時制を確認します。先ほど説明したように、仮定法では直説法より１つ前の時制を使いますから、仮定法で過去形を用いているということは、現在の事実と反対のことを述べているということです。ここが今までの直説法の常識から考えると混乱しやすいところです。

「仮定法過去」というのは、「**過去形を用いて仮定法の文を書いている**」ということなので、「**現在の事実と反対のこと**」になります。「仮定」の部分は動詞が過去形になっているのがわかりますか？　仮定法の世界では、**be**動詞はどんな主語に対しても**were**を用いるのが普通です。「推量」の部分は助動詞が過去形になっていますね。

先ほどの仮定法の文例を直説法で書くと、以下のようになります。

Because I don't practice hard, I won't win the game.

「私は一生懸命練習しないので、試合に勝たないでしょう」

Because I'm not a bird, I can't fly to you.

「私は鳥ではないので、あなたのところに飛んでいけません」

仮定法は〈仮定＋推量〉で表現し、直説法は〈原因＋結果〉で表現します。仮定法の文と直説法の文を比べると、仮定法は事実と反対のことなので肯定・否定が逆になり、時制が１つ前（昔）になっています。

> 仮定法〈仮定＋推量〉：直説法の肯定は否定になり、否定は肯定になる。
> 直説法〈原因＋結果〉

> 今まで学んだ if を使った文、たとえば、If it is sunny tomorrow, I will play tennis. これは仮定法だったのですか？　それとも直説法ですか？

　仮定法を学ぶと、ifを使った文が仮定法だと勘違いする人が出てきますが、ifが大事なのではありません。時制を見てください！

　<u>直説法より時制が1つ前（昔）になっていること、これが仮定法の証拠</u>です。If it is sunny tomorrow, I will play tennis.の主節はwouldではなく、現在形の助動詞 will を使っていますから、もちろん直説法です。

　もし、If it were sunny now, I would play tennis. だったら仮定法です。nowなのに過去形を使って、推量部分も過去形の助動詞になっていますから、これは事実と反対のことを述べているのだとわかります。

　「今晴れていたら、テニスをするのに」→「実際は今晴れていないから、テニスをしない」ということです。

英語の ツボ㊹

◆ if の文が仮定法というのではない♪　時制をしっかり見て判断しよう♪

◆丁寧な依頼を表す仮定法の助動詞

　助動詞の過去形に関連して、下のような丁寧な依頼の文について説明しておきます。

確認しよう

・Could you open the window?　　「窓を開けてくださいませんか」

　Can you ～？ よりCould you ～？、Will you ～？ よりWould you ～？が丁寧な依頼になることは知っていますね？　このcouldやwouldが仮定法のcould、wouldです。これは、言葉の外に「もし可能なら」という

「仮定」の部分があるのです。そうすると、「もし可能なら窓を開けてもらえないかなあ（実際は不可能で、窓を開けてもらえないかもしれないけれど）」というニュアンスになります。このように遠慮している感じが丁寧さをもたらしているのです。

レッスン❸　I wish を用いた仮定法過去の文

次に、ifを用いない仮定法についてお話しします。

◆ I wish を用いた仮定法過去の文

確認しよう

▶ **I wish を用いた仮定法過去の文の形**
〈I wish S + V （過去形）.〉　　「〜ならいいのになあ」

▶ **仮定法過去の文例**
例 I wish I were a bird.　　「自分が鳥ならいいのになあ」

　wishは他で、that節を目的語にとります。「〜ならいいのだがと思う」という意味ですが、目的語を見てください。文例 I were a bird. は人間は鳥に変身できないよ、と突っ込みたくなる文です。つまり、実際に起こり得ないこと、事実と反対のことを願望するのがwishです。ifがないけれど、that節の中の時制が直説法より1つ前で、事実ではないことを表しています。これが仮定法です！

　この文を直説法で書くと、I'm sorry I'm not a bird.「私は鳥ではないことを残念に思います」です。

> 今まで願望は hope で書きました。hope も that 節を目的語にとりましたよね。同じように使えるのですか？

　思い出してください！　今まで書いていた文はすべて直説法でした。hopeの目的語は現実に起こることです。プレゼントを渡すときに、「気に入ってもらえるとよいのですが」という意味でI hope you like it. とよく言いますよね。likeは現在形です。「絶対気に入ってくれるはず！」と思ってプレゼントを渡しているのです。同じ「願望」でもhopeとwishは

違います。

◆ 「願望を表す」動詞 hope と wish の使い分け

・**I hope** は直説法
・**I wish** は仮定法

練習問題 ❶

次の直説法の文を仮定法の文に書き換えるとき、(　　　)内に適当な語を書きなさい。

(1) Because he doesn't have money, he sleeps on the street.
　　If he (　　　) money, he would (　　　)(　　　) on the street.

(2) Because I am busy, I can't help you.
　　If I (　　　)(　　　) busy, I (　　　)(　　　) you.

(3) I'm sorry I'm not thin.
　　I wish I (　　　) thin.

(4) I'm sorry my son is late for school.
　　I wish my son (　　　) late for school.

(5) I'm sorry we can't speak French.
　　I (　　　) we (　　　)(　　　) French.

解 答

(1) had, not sleep ／「もし彼がお金を持っていれば、路上で寝ないだろうに」

(2) were not, could help ／「もし私が忙しくなければ、あなたを手伝えるのに」

(3) were ／「私が細かったらいいのになあ」

(4) weren't ／「息子が遅刻しないといいなあ」

(5) wish, could speak ／「フランス語が話せればいいのになあ」

語句　(1) sleep「眠る」　(3) thin「やせた」

解 説

　直説法の文を仮定法の文に書き換えるときは、①肯定・否定を逆にする、②時制を1つ下げる（前にする）、この2つを行います。

(1)「理由」が現在の否定文なので、「仮定」は過去の肯定文になります。「結果」が現在の肯定文なので、「推量」は過去の否定文になります。過去形の助動詞wouldがすでにあるので、これを否定し、動詞の原形sleepを続けます。

(2)「理由」が現在の肯定文なので、「仮定」は過去の否定文になります。仮定法では、be動詞の過去形は主語の人称や単複にかかわらず、**were**を用いましたね。「結果」が現在の否定文なので、「推量」は過去の肯定文になります。canを過去形のcouldにし、原形を続けます。

(3)I'm sorryに続くthat節（thatは省略。(4)・(5)も同じ）が現在の否定文なので、**wish**の目的語は過去の肯定文です。

(4)I'm sorryに続くthat節が現在の肯定文なので、**wish**の目的語は過去の否定文です。

(5)I'm sorryに続くthat節が現在の否定文なので、**wish**の目的語は過去の肯定文です。仮定法を目的語にとるのはhopeではなくwishでしたね。

練習問題 ❷

次の日本語に合うように、（　　　）内に適当な語を書きなさい。

(1) もし車があれば、ドライブに行くのになあ。

If I (　　　　) a car, I (　　　　)(　　　　) for a drive.

(2) もし彼が風邪をひいていないなら、彼と遊ぶことができるのになあ。

If he (　　　　)(　　　　) a cold, I (　　　　)(　　　　) with him.

(3) 私が彼女の子どもならいいのに。

I (　　　　) I (　　　　) her child.

(4) 彼がそんなに早口でなければいいのに。

I (　　　　) he (　　　　)(　　　　) so fast.

解答

(1) had, would go

(2) didn't have, could play

(3) wish, were

(4) wish, didn't speak

語句 (2) have a cold「風邪をひいている」

　時制に気をつけてください。現在の事実と反対のことを書くときは、仮定法では過去形を用います。日本語は現在形で訳してありますが、英語の仮定法では過去形になりますので、気をつけましょう。直説法の文を考えたほうがわかりやすいかもしれません。

　⑴事実は「現在車がないからドライブに行かない」です。仮定法過去で表すと、If I had a car, I would go for a drive. になります。仮定は過去形の had、推量は過去形の助動詞 would を用います。

　⑵事実は「現在彼が風邪をひいているから、彼と遊ぶことができない」です。仮定法過去で表すと、If he didn't have a cold, I could play with him. になります。仮定は過去形の否定文 didn't have、推量は過去形の助動詞 could を用います。

　⑶実際には、自分が彼女の子どもでないのを残念に思っています。wish を用いて、I wish I were her child. と表します。仮定法の be 動詞は主語の人称にかかわらず were を用います。

　⑷実際には、彼が早口なのを残念に思っています。wish を用いて、I wish he didn't speak so fast. と表します。

　それでは最後に、時制に注意して、まとめの英作文をやってみましょう。中学3年間で学習した、さまざまな文法事項を含んでいますよ！

次の日本語を英語になおしなさい。ただし、指示がある場合はそれに従うこと。

⑴ 明日晴れることを望みます。[hope を用いて]

⑵ 今晴れていたらいいのに。[wish を用いて]

⑶ もうすぐ晴れるだろうと、彼女は私に言いました。[told を用いて]

⑷ もし今雨が降っていたら、家にいるのに。

⑸ 3日前からずっと雨が降っています。[raining を用いて]

⑹ 先週は3日間雨が降りました。

⑺ 電車が駅に着いたときは、雨が降っていました。

⑻ もし明日雨が降れば、家にいるつもりです。

解答

(1) I hope (that) it will be sunny tomorrow.

(2) I wish (that) it were sunny now.

(3) She told me (that) it would be sunny soon.

(4) If it were raining now, I would stay home.

(5) It has been raining for three days.

(6) It rained for three days last week.

(7) When the train arrived at the station, it was raining.

(8) If it rains tomorrow, I will stay home.

解説

(1) **hope** の目的語は直説法で表します。主節が現在形の場合、名詞節の中はすべての時制が使えましたね。未来のことはそのまま未来の表現を用います。

(2) **wish** の目的語は仮定法で表します。現在の事実と反対のことを言うので、仮定法では過去時制を用いました。be動詞はどんな主語に対しても **were** を用います。

(3) 主節が過去形のときは、名詞節は時制の一致を受けて、**would** にします。この would は仮定法ではありませんよ。

(4) 実際には、今晴れているから家にいないのですね。現在の事実と反対のことを言うので、仮定法を用います。時制が1つ下がりますから過去形を用います。この文の would は仮定法の推量で用いる過去形助動詞の would です。

(5) 3日前から現在に至るまでの動作の継続です。現在完了進行形の文です。動詞の部分は、2つずつ組み合わせることで、その場で作れるようにしておくとよかったですね。〈have＋過去分詞〉と〈be動詞＋動詞の-ing形〉の組み合わせなので、〈have been＋動詞の-ing形〉でしたね。「3日前から」は since three days ago はまちがいです。for three days でしたよ。

(6)「(5)と同じ問題だ！」と思ってはいけない問題です。「時制は、「現在」「過去」「未来」の3つ♪ ➡ 第3節 英語の ツボ⑪」で、「時制は時を表す語（句・節）で判断する ➡ 第3節 英語の ツボ⑬」ことが重要でした。last weekがあるから、時制は過去です。

(7)when the train arrived at the stationが時を表す副詞節で、ここから主節が過去時制だとわかります。過去時制だと決まってから、普通の過去形か過去進行形かをよく考えましょう。電車が駅に着くのはあっという間に終わることですが、雨は時間がかかることです。**あっという間に終わることが過去形、時間がかかることが過去進行形**でした。

(8)「時・条件の副詞節の中は、未来のことを現在形で書く ➡ 第12節 英語の ツボ㉜」なので、現在形のIf it rains tomorrowで表します。

ここまでよく勉強しましたね。英語の基礎ができ上がっているので、高校の英語はきっと楽に楽しく勉強できると思います。最後までお付き合いいただきありがとうございました。

MEMO

本文語句のリスニング

赤シートも使って
正しく音読しよう！

リスニング

- ●本文中に出てきた語句がまとめられています。
- ●日本語と英語の音声が収録されています。
- ●音声ダウンロード方法はp.9に書かれています。

第1節 文型（1）　　MP3 01

① □病気で	□sick	⑧ □〜を解く	□answer
② □とどまる;〜のままでいる	□stay	⑨ □簡単に	□easily
③ □健康で	□healthy	⑩ □偉大な	□great
④ □においをかぐ;香りがする	□smell	⑪ □科学者	□scientist
⑤ □バラ	□rose	⑫ □フルーツ	□fruit
⑥ □甘い	□sweet	⑬ □〜の味がする	□taste
⑦ □問題	□question		

第2節 文型（2）　　MP3 02

① □lend(〜を貸す)の過去形	□lent	⑦ □理解	□idea
② □おじ	□uncle	⑧ □湖	□lake
③ □映画	□movie	⑨ □機械	□machine
④ □有名な	□famous	⑩ □サンドイッチ	□sandwich
⑤ □怒った	□angry	⑪ □速く	□quickly
⑥ □生活	□life		

第3節 現在完了（1）　　MP3 03

① □ファン	□fan	⑤ □ダンサー	□dancer
② □晴れた	□sunny	⑥ □死んでいる	□dead
③ □暑い	□hot	⑦ □外で	□outside
④ □おたがい	□each other		

第4節 現在完了 (2)

① □ゴルフ	□golf	⑧ □現れる	□appear
② □～に乗る	□ride	⑨ □～を欠席する	□be absent from
③ □ジェットコースター	□roller coaster	⑩ □外国へ[に]	□abroad
④ □～を洗う	□wash	⑪ □～に到着する	□arrive at
⑤ □～を失う	□lose	⑫ □～に到着する	□get to
⑥ □マフラー	□scarf	⑬ □駅	□station
⑦ □～をさがす	□look for		

第5節 受動態

① □動物園	□zoo	⑦ □カナダ	□Canada
② □建物	□building	⑧ □人工知能	□AI
③ □AをBに招待する	□invite A to B	⑨ □海外留学をする	□study abroad
④ □バター	□butter	⑩ □知らない人	□stranger
⑤ □富士山	□Mt. Fuji	⑪ □～を発見する	□discover
⑥ □生まれる	□be born		

第6節 動名詞・不定詞 　MP3 06

① □朝食	□breakfast	⑪ □コミュニケーションを取る	□communicate
② □仕事	□job	⑫ □重要な	□important
③ □〜を売る	□sell	⑬ □ほかの人	□others
④ □定期的な運動	□regular exercise	⑭ □ニューヨーク	□New York
⑤ □間違い	□mistake	⑮ □一生懸命に	□hard
⑥ □サンタクロース	□Santa Claus	⑯ □医者	□doctor
⑦ □〜を持ってくる	□bring	⑰ □出発する; 出ていく	□leave
⑧ □パン屋さん	□bakery	⑱ □〜を楽しみに待つ	□look forward to
⑨ □町	□town	⑲ □大人になる	□grow up
⑩ □ジェスチャー	□gesture		

第7節 不定詞を用いた構文（1） 　MP3 07

① □〜を渡って	□across	② □だれも〜ない	□no one 〜

第8節 不定詞を用いた構文（2） 　MP3 08

① □伝言	□message	③ □目	□eye
② □病院	□hospital		

第9節 不定詞を用いた構文（3） 　MP3 09

① □外出する	□go out	③ □ゆっくり	□slowly
② □ジャケット	□jacket	④ □荷物	□baggage

第10節 比較　MP3 10

① □〜(魚)をつる;〜を捕まえる	□catch	⑦ □介護施設	□nursing home
② □注意深く	□carefully	⑧ □琵琶湖	□Lake Biwa
③ □雪が降る	□snow	⑨ □視力	□eyesight
④ □季節	□season	⑩ □盛んな;人気のある	□popular
⑤ □有名な	□famous	⑪ □ブラジル	□Brazil
⑥ □ロボット	□robot		

第11節 名詞節と時制の一致　MP3 11

① □天気	□weather	③ □(会など)を開催する	□hold
② □夏祭り	□summer festival		

第12節 副詞節・名詞節と副詞句・名詞句のまとめ　MP3 12

① □暖かい	□warm	⑥ □激しく	□heavily
② □最近	□these days	⑦ □〜に勝つ	□win
③ □はっきりと	□clearly	⑧ □担任の先生	□homeroom teacher
④ □住所	□address	⑨ □急いで	□in a hurry
⑤ □〜に登る	□climb		

第13節 関係代名詞（形容詞節）（1）　MP3 13

① □歯医者	□dentist	⑤ □〜を育てる	□grow
② □おば	□aunt	⑥ □腕時計	□watch
③ □歌手	□singer	⑦ □ペルー	□Peru
④ □野菜	□vegetable		

第14節 関係代名詞（形容詞節）(2) と節のまとめ　MP3 14

① □放送中;流れている　□on air
② □曲名　□title
③ □ドレス　□dress
④ □人　□person
⑤ □〜に親切にする　□be kind to

第15節 分詞　MP3 15

① □横たわる　□lie
② □〜を描く　□draw
③ □写真を撮る　□take a picture
④ □ベンチ　□bench
⑤ □〜を興奮させる　□excite
⑥ □野球場　□baseball stadium
⑦ □番組　□program
⑧ □チャンネル　□channel
⑨ □突然　□suddenly
⑩ □表示　□sign
⑪ □禁煙　□"NO SMOKING"

第16節 形容詞句・形容詞節のまとめ　MP3 16

① □アームストロング（男性の名前）　□Armstrong
② □最初の人　□first
③ □着陸する　□land
④ □〜を運ぶ　□carry
⑤ □工業都市　□industrial city
⑥ □間違い　□mistake
⑦ □こわがって　□afraid

第17節 仮定法　MP3 17

① □眠る　□sleep
② □やせた　□thin
③ □風邪をひいている　□have a cold

MEMO

MEMO

● 著者紹介

麦谷 郁子（むぎたに いくこ）

　富山県生まれ。名古屋大学教育学部教育心理学科卒業。椙山女学園大学人間関係学部助手を経て、1991年から河合塾中学グリーンコースでの指導を開始。難しいこともやさしい言葉で解説し、成績を伸ばしてくれる先生として絶大な支持を受けるベテラン指導者。本書が初の著書。

かいていばん　ちゅう えい ご　　　　おもしろ　　　　　　ほん
改訂版　中3英語が面白いほどわかる本

2021年11月26日　初版発行

むぎたに いくこ
著者／麦谷 郁子

発行者／青柳 昌行

発行／株式会社KADOKAWA
〒102-8177　東京都千代田区富士見2-13-3
電話 0570-002-301（ナビダイヤル）

印刷所／株式会社加藤文明社印刷所

●お問い合わせ
https://www.kadokawa.co.jp/（「お問い合わせ」へお進みください）
※内容によっては、お答えできない場合があります。
※サポートは日本国内のみとさせていただきます。
※Japanese text only

定価はカバーに表示してあります。

©Ikuko Mugitani 2021 Printed in Japan
ISBN 978-4-04-604770-0　C6082